Англо-русский словарь по библиотечной и информационной деятельности

Джон В. Ричардсон
Главный редактор

The English-Russian Dictionary of Library and Information Terminology

John V. Richardson Jr.
Editor in Chief

Second Edition

Los Angeles, California

ITA Press

2013

Cataloging-in-Publication Data

Richardson, John V., 1949.
Anglo-russkii slovar' po bibliotechnoi i informatsionnoi deiatel'nosti = The English-Russian Dictionary of Library and Information Terminology.

　　Includes appendices.

1. Library science – Dictionaries -- Russian.
2. Information science – Dictionaries -- Russian.
3. English language – Dictionaries – Russian.
4. Bibliothéconomie -- Dictionnaires anglais.
5. Sciences de l'information -- Dictionnaires anglais.
6. Anglais (Langue) -- Dictionnaires russes.
7. Bibliothek.
8. Informations- und Dokumentationswissenschaft.

Z1006.A54 2013 / 421.7321 R53

This book is printed on acid-free paper.

Copyright © 2013 John V. Richardson Jr.

All rights reserved.

No part of this publication may be reproduced or transmitted in any form or by any means, electronic or mechanical, including photocopy, recording, or any information storage and retrieval system, without permission in writing from the publisher.

ITA Press is an imprint of Information Transfer Associates

ISBN-10 : 0981919626
ISBN-13 : 978-0-9819196-2-1

Printed in the United States of America

13 14 15 16 JR 9 8 7 6 5 4 3

Посвящается Памяти Е. (Мо) Б. и Д. (Хедвиг) Б.

Dedicated to E. (Mo) B. and J. (Hedwig) B.

Table of contents / Содержание

Editorial Board / Редколлегия vii
Advisory Board / Консультативный совет viii
Предисловие ко второй редакции ix
Совет консультантов редакции словаря xi
Редакторы xiv
Источники xvi
Introduction to the Second Edition xviii
Advisory Board xix
Editorial Assistance xxi
Sources xxiii
Список использованных сокращений xxiv
A 1
B 17
C 33
D 61
E 73
F 81
G 93
H 99
I 105
J 121
K 123
L 127
M 143
N 159
O 169
P 179
Q 203
R 205
S 217
T 237
U 243
V 247
W 249
X 253

Y	255
Z	257
Список литературы	259
English Language Sources Consulted	263
Other Sources	266

Англо-русский словарь по библиотечной и информационной деятельности

Подготовлено Д-ром Джоном Ричардсоном, мл., Главным редактором
При содействии редакторов-консультантов Эльзы Гусевой, Екатерины Ефимовой и Инны Ильинской
При взаимодействии с Консультативным советом Англо-русского словаря библиотечной и информационной терминологии 2012 года
И помощи Юкари Сугияма, технического редактора

The English - Russian Dictionary of Library and Information Terminology

Prepared by Dr. John V. Richardson Jr., Editor in Chief
With editorial assistance from Elza Gousseva, Consulting Editor;
Ekaterina Efimova, Consulting Editor;
And Inna Ilinskaya, Consulting Editor
And in collaboration with the 2012 Advisory Board for the English-Russian Dictionary of Library and Information Terminology
And Yukari Sugiyama, Technical Editor

Совет консультантов англо-русского словаря по библиотечной лексике и информационным технологиям

- Почетный профессор, доктор Роберт Бёргер, профессор библиотечного дела Иллинойского университета, город Урбана-Шампань
- Господин Эдвард Казинек, отдел славистики и Восточно-Европейского отделения Национальной библиотеки, город Нью-Йорк
Доктор Готфрид Кратц, Мюнстерский университет Германии, библиотечный факультет, Академия искусств и литературы, город Москва
- Доктор Ирина К. Линден, Русская Национальная библиотека, город Санкт Петербург, Россия
- Доктор Бредли Л. Шафнер, Университетский библиотекарь и старший лектор, колледж Карлтон, США

The English - Russian Dictionary of Library and Information Terminology Advisory Board

- Dr. Robert H. Burger, Professor Emeritus of Library Administration at the University of Illinois at Urbana-Champaign
- Mr. Edward Kasinec, Formerly Slavic and East European Collections, The New York Public Library
- Dr. Gottfried Kratz, Formerly Universitäts-und Landesbibliothek Münster, Germany and Department of Library Science APRIKT, Moscow
- Dr. Irina K. Lynden, Russian National Library, Saint Petersburg, Russia
- Dr. Bradley L. Schaffner, College Librarian and Senior Lecturer, Carleton College USA

Предисловие ко второй редакции

Наша читательская аудитория остается, той же, для которой было предназначено первое издание: это наши студенты и преподаватели, библиотекари, специалисты по информационным технологиям, переводчики. Так же, как и в подготовительных материалах к первому изданию, мы сохранили все правила и порядок отбора терминов, имеющих отношение к библиотечной науке и информационным технологиям.

Как и в предыдущем издании, мы даем перекрестные ссылки, пояснения и соблюдаем правила пословного алфавитного порядка. В этой редакции был использован американский вариант правописания. Мы придерживались тех общепринятых принципов организационной структуры, которым следовал бы любой описательный или нормативный словарь.

Со времени выхода первой редакции словаря язык библиотечно-информационных технологий обогатился под влиянием социальных, технических и политических событий.. Это технические термины, газетная лексика, политическая терминология. Безусловно, в новой редакции основной словарный состав издания остается неизменным. Тем не менее, нам пришлось включить в эту редакцию десятки новых слов. В общей сложности в этот словарь вошли более 150 новых терминов. Наука не стоит на месте, - соответственно лексикон языка продолжает свое развитие, пополняясь с каждым днем новыми терминами. Необходимо отметить, что в этом новом издании, похоже, технические термины будут главенствовать. В дополнение, мы исправили одну ошибку: в словаре эта опечатка появилась при первоначальном издании текста в 2003 году: Paraprofessional – помощник библиотекаря, технический работник библиотеки. В области русских переводов продолжаются дискуссии среди редакторов. Но эти споры, скорее всего, возникают по поводу многовариантного перевода слов, нежели касаются изменения общих правил словарных описаний. Однако в то время как мы стараемся сохранить общие правила словарных изданий, носители русского языка не могут определиться по поводу произношения слова "Bluetooth", произнося его как Блютуф. В других вариантах это слово произносят как Блютуз. Вторая версия кажется более правильной носителям американского-английского языка. Мы также включили в словарь арготическую лексику – сленг. Это такие слова, как хакер/крэкер (hacker/cracker), белые и черные шляпы, а также дорк (dork), гик (geek) , и нерд (nerd), с которыми читатель может встретиться читая профессиональную литературу.

Совет консультантов редакции словаря

Мне особо приятно известить о том, что в работе нашего консультационного совета продолжают трудиться несколько консультантов той редакции, которая была образована в 2005 году. К этой команде присоединились несколько новых специалистов. Прежде всего, хочу поприветствовать Эдварда Казинека из Нью-йоркской национальной библиотеки, а также Готфрида Кратца из Мюнстерского университета Германии, который в настоящий момент преподает специальность на библиотечном факультете в Москве, а также читает лекции по информационной науке.

В феврале 2009 года Эд Казинек снял с себя обязанности куратора, но он будет продолжать сотрудничать с Нью-йоркской национальной библиотекой и работать в качестве консультанта в области образования, а также преподавать на факультете программирования третьего Национального фонда летних курсов подготовки преподавательского состава для колледжей США. Эд Казинек продолжит курс лекций до августа 2009 года. Осенью 2009 года господин Казинек надеется продолжить свою научно-исследовательскую деятельность в области русской и восточно-европейской культурных наследий. Институт Гарримана Колумбийского университета будет помогать господину Казинеку в этой работе.

Старший научный работник Мюнстерского университета Готтфрид Кратц, начиная с 1980 года, преподавал специальность библиотечного дела, а также читал курс лекций по славянской и немецкой филологии на факультете Национальной библиотеки Германии. Господин Кракц окончил университет во Франкфурте-на-Майне, защитил кандидатскую в 1972 году, докторскую по философии в 1977 году, а также по славянской и немецкой филологии. Далее Кратц учился в Библиотечной школе Северного Рейна в Вестфалии, город Кёльн, закончил учебу в 1980 году получением диплома. Начиная с 1999 по 2005 год, доктор Кратц проработал в качестве профессора на библиотечном факультете по программе обмена студентами Московского государственного университета культуры и искусств. Несколько раз в течение 2006 и 2008 годов господин Кратц читал курс лекций в качестве приглашенного профессора на библиотечном факультете Московской академии искусств, культуры и туризма.

Начиная с 2006 года доктор Кратц читает курс лекций по информатике в Мюнстерском университете и в Региональной библиотеке Мюнстера. В основном его издательские труды посвящены КНИГЕ, а также истории библиотек. Господин Кратц читал курс лекций по компьютеризации библиотечного дела, информатике. Далее его лекции затронули темы изучения немецкого, русского и английского языков. В настоящий момент он работает в Совете издателей «Библиография». Этот журнал является сегодня одним из ведущих изданий в данной области. Журнал выходит в издательстве «Русская книга», Москва.

Одним из неизменных консультантов Библиотечного совета университета штата Иллинойс является почетный профессор Роберт Бёргер, он также входит в административный совет библиотеки названного университета в городе Урбана-Шампань. Господин Бёргер защитил кандидатскую диссертацию в Университете Тафта по русскому языку и литературе, а также стал дипломированным специалистом по славянским языкам и литературе. Затем Роберт Бёргер получил звание магистра по библиотечному делу. В университете Северной Каролины в городе Шапель Хилл господину Бёргеру присвоили звание бакалавра искусств. Господин Бёргер защитил кандидатскую по библиотечному делу и информатике в Университете штата Иллинойс, город Урбана-Шампань.

Роберт Бёргер работал составителем Славянского каталога (1976-1987 гг.), в отделе славистики (1988-1989 гг.), возглавлял Библиотеку славянских и восточно-европейских языков (1989-2000 гг.), работал заместителем Университетской библиотеки штата Иллинойс (2001-2006 гг.) в городе Урбана-Шампань.

Роберт Бёргер является автором нескольких книг: «Приоритетная работа» (1985) (переведена на японский и китайский языки); «Информационное право» (1993). Роберт перевел с русского языка работу «Научные связи и информатика» (авторы А.И. Михайлов, А.И. Черный, Р.С. Гиляревский), затем стал соавтором работы Хэлэн Сулливан «Россия и Восточная Европа», библиографический сборник публикаций англоязычных стран, 1992-1999, (2001), «Восточная Европа»: библиографический сборник публикаций англоязычных стран, 1986-1993 (1995), «Россия и Советский

Союз»: библиографический сборник публикаций англоязычных стран, 1986-1991 (1994). В настоящий момент господин Бёргер читает курс лекций на библиотечном факультете в Университете штата Иллинойс в городе Урбана-Шампань.

Редакторы

Те, кто внимательно будет изучать этот словарь, непременно заметят профессионализм консультантов – редакторов издания – Эльзы Гусевой и Инны Ильинской. К ним также присоединилась Екатерина Ефимова – редактор-консультант. И, наконец, Елена В. Валиновская ответственный редактор этого издания словаря, которое затем было отправлено в печать в Санкт-Петербург.

В свое время Эльза Гусева окончила Московский государственный институт культуры (ныне Московский государственный университет культуры и искусств). В этом институте госпожа Гусева подготовила и защитила кандидатскую диссертацию по теме «Организация и методика повышения квалификации преподавателей специальных дисциплин библиотечных факультетов вузов культуры» (профессор Татьяна Каратыгина была научным руководителем по этой теме диссертации). В 2000-2002 годах Эльза проходила стажировку в УКЛА (UCLA) в рамках «Программы поддержки молодых преподавателей ВУЗов». Спонсором этой программы являлись Государственный департаметн США и Американская гильдия преподавателей русского языка. Как приглашенный ученый Эльза поводила исследование в области библиотечно-информацилнных технологий. Относительно недавно Эльза Гусева получила диплом магистра по специальности Библиотечно-информационные науки в университете г. Сан-Хосе (штат Калифорния). В США Эльза приобрела непостредственный опыт работы в специальных, академических и публичных библиотеках. Сейчас она работает в Публичной библиотеке города Лонг-Бич, штата Калифорния. Также как и в работе над первым изданием, Эльза Гусева находила для словаря новые термины, использующиеся в профессиональной библиотечной лексике США и подбирала релевантную терминологию для английских и русских слов.

Инна Ильинская закончила факультет Информационных исследований УКЛА (UCLA) и после окончания университета работала в отделе информатики библиотеки Международного университета штата Флорида. Её работа продолжалась до сентября 2007 года. В настоящее время госпожа Ильинская проживает в Сиэтле и работает в компании 360-MARS Update Product, отделение Serials Solutions специалистом по качеству. Инна помогла сделать для редакции перевод многих английских терминов.

Мне также необходимо представить госпожу Екатерину Ефимову – специалиста Научно-исследовательской библиотеки Уральского государственного университета, город Екатеринбург. Екатерина Ефимова проходила обучение по программе Фуллбрайт в УКЛА (UCLA) в 2008-2009 учебном году. Предметом ее изучения была тема виртуального справочного обслуживания. Кстати, вы можете познакомиться с её библиотечным блогом в интернете. Адрес вебсайта: http://rusu-library.blogspot.com/. Надо отметить, что Екатерина помогла нам обновить список слов отражающих новую электронную эру библиотечного дела и информационных наук.

И в заключении несколько слов о первоначальном составителе первого издания этого словаря – Елене Валиновской, которая впоследствии работала над этим словарем в качестве старшего редактора. Еще учась в Санкт-Петербургской Государственной Академии Культуры (ныне Санкт-Петербургский государственный университет культуры и искусств), госпожа Валиновская принимала участие в создании словаря американского слэнга. Это словарное издание американской арготической лексики уже тогда, в 1995 году, в период ее учебы в Академии, было популярно среди студентов этого учебного заведения. В 1997 г. она проучилась осенний семестр в университете УКЛА (UCLA) на факультете информационных исследований. В 1998 г. госпожа Валиновская закончила педагогический факультет Санкт-Петербургской Академии культуры, ее вторая специальность – английский язык. Все последующее время Елена продолжала работу над словарем в качестве корректора второго издания, уделяя значительное внимание логической последовательости словаря и правописанию.

Источники

Как и прежде, мы традиционно использовали печатные материалы и различные интернет-ресурсы. Первое издание было основано на базе англо-русского словаря библиотечных терминов под редакцией В.Ф. Сахарова (словарь издан в 1941 году). С тех пор этот словарь был достаточно изучен, и надо признать его определенную ценность, но он уже устарел.

Для нового издания мы использовали такие общие и специальные словари как 1) Merriam-Webster's College Dictionary, 12th ed., 2012; 2) Microsoft Computer Dictionary, 5th ed., 2002; 3) ABBYY's Lingvo x5, 2011.

На этот раз регулярный мониторинг печатной профессиональной литературы включил журналы «Американские библиотеки», «Библиотеки колледжей и исследовательские библиотеки», «Журнал IFLA», «Журнал библиотечно-информационного образования», «Библиотеки и культурное наследие», «Библиотечный ежеквартальник», Поиск информационно-технологических терминов мы осуществляли, регулярно просматривая такие периодические издания как «Компьютерный мир», и «Журнал Американского общества информационных наук и технологий».

В дополнение ко всему перечисленному, большую пользу принесли такие разделы еженедельной газеты New York Times как «Сети» и «Технологические новости» . И еще один полезный источник – электронный журнал Криса Андерсона «Электронная Гикипедия», являющийся дополнением к вебсайту Wired http://www.wired.com/wired/issue/geekipedia.

Что касается других онлайн источников для поиска новых терминов, то мы обращались к веб-сайтам многих профессиональных организаций и ассоциаций таких как Американская Библиотечная Ассоциация и Американское Общество Информатизации и Технологии. Кроме того, мы обращаем внимание читателей на два онлайн-блога: 1) Tame the Web (Приручи Веб) http://tametheweb.com и 2) Librarian in Black (Библиотекарь в Черном) http://librarianinblack.typepad.com

Особенно мне хотелось бы поблагодарить двух моих внучатых племянниц за напоминание включить в это издание три новых слова: гик, нерд, и особенно дорк. Они поймут которое из этих слов применимо к ним!

Главный редактор,

Джон В. Ричардсон Младший.

Лос-Анджелес, ноябрь 2012 года

Introduction to the Second Edition

Our audience for this new second edition remains the same as the readership for the first edition: students and faculty members, library professionals, IT staff, and interpreters. As laid out in the prefatory materials to the first edition, we have also continued our policies as regards selecting terms which have relevance to the field of library and information technology. Likewise, we are once again providing cross references (aka see reference and see also links), and have adopted yet again a straight alphabetical word order in word-by-word rules. American spellings are used throughout. In general, we have continued to hue to those long-accepted principles of organizational structure which any good descriptive or prescriptive dictionary would follow.

Yet, since that first edition appeared, many social, technical, and political events continue to influence the field of library and information technology. While the original core terms remain the same, we have added dozens and dozens of new words (i.e., more than one hundred fifty new entries) to reflect the continually evolving nature of the profession. For this new edition, we did notice that technical terms appear to predominate. In addition, we have corrected one known error which creped in after we submitted our original text back in 2003--paraprofessional (see also library assistant and library technician). The Russian translations continue to develop from the usage discussions among the editorial staff members and are intended to be descriptive, rather than prescriptive. So, while we prefer to take a descriptive approach to language in our dictionary, we do note that Russians often pronounce Bluetooth as Блютуф whereas Блютус is probably sounds more accurate to the native speaker of American English. Also, we have included more slang terms (such as cracker/hacker, white and black hat as well as dork, geek, and nerd) which the reader may encounter while reading the professional literature.

Advisory Board

I am especially pleased to have several of the original members of the 2005 advisory board continue with us as well as a couple of new members onboard. First, it is a pleasure to welcome Edward Kasinec of the New York Public Library as well as Gottfried Kratz of the University of Munster in Germany, who also teaches library and information science in Moscow, Russia.

In February 2009, Ed Kasinec stepped down as Curator, but continued his association with the New York Public Library as Staff Consultant in the Education, Programming and Exhibitions Department to the Third National Endowment for the Humanities' Summer Institute for College Teachers, an appointment that will continue through August 2009. Kasinec continues his research pursuits in the areas of Eastern European and Russian cultural studies through an association with Columbia University's Harriman Institute.

Since 1980, Senior Librarian Gottfried Kratz has served as the subject specialist for Library Science and of Slavic and German Philology at Muenster University and Regional Library, Germany. Kratz graduated Frankfurt (Main) University with a M.A. (1972) and Dr. Phil. (1977) in Slavic and German Philology. Next, he studied at the North-Rhine Westphalia Library School, Cologne, graduating with a Diploma in 1980. From 1999 to 2005, Dr. Kratz served as a long-term German Academic Exchange Service (DAAD) Professor in the Department of Library Science at the Moscow State University of Culture and Arts (MGUKI). Several times between 2006 and 2008, Kratz worked on a short-term basis as a DAAD Guest Professor in the Department of Library Science of the Moscow Academy of Art, Culture and Tourism (APRIKT).

Since 2006 Dr. Kratz has been teaching information literacy classes at the Munster University and Regional Library. He has published mainly on topics such as Book and Library History and lectured on problems of digitization, information literacy and reading programs in German, Russian as well as English. Currently, he serves as a member of the Board of Editors of "Bibliografija," one of the leading bibliographical journals; it is published by the Russian Book Chamber, Moscow.

As one of the continuing advisory board members, Robert H. Burger is Professor Emeritus of Library Administration at the University of Illinois in Urbana-Champaign. He holds a B.A. from Tufts University in Russian Language and Literature, a M.A. in Slavic Languages and Literatures, an M.L.S. from the University of North Carolina at Chapel Hill, and a Certificate of Advanced Study as well as a Ph.D. in Library and Information Science from the University of Illinois at Urbana-Champaign.

Burger worked as a Slavic Cataloger (1976-1987), Slavic Acquisitions Librarian (1988-1989), Head of the Slavic of the Slavic and East European Library (1989-2000), and Associate University Librarian for Services (2001-2006) at the University of Illinois at Urbana-Champaign. He is the author of several books, Authority Work (1985) (also translated into Japanese and Chinese), Information Policy (1993), and translator from Russian of Scientific Communications and Informatics (by A.I. Mikhailov, A.I. Chernyi and R.S. Giliarevskii) as well as co-author with Helen Sullivan of Russia and Eastern Europe: A Bibliographic Guide to English Language Publications, 1992-1999, (2001), Eastern Europe: A Bibliographic Guide to English Language Publications, 1986-1993, (1995), and Russia and the Soviet Union: A Bibliographic Guide to English Language Publications, 1986-1991 (1994). Currently, Dr. Burger teaches part time at the Graduate School of Library and Information Science at the University of Illinois at Urbana-Champaign.

Editorial Assistance

Close readers of the dictionary will note that Elza Gousseva and Inna Ilinskaya have continued as consulting editors on this edition. They have been joined by Ekaterina Efimova, another consulting editor. And finally, Elena V. Valinovskaya served as the final proofreader of this manuscript before it was sent to the publisher in St. Petersburg.

By way of background, Elza Gousseva graduated from Moscow State University of Culture and Arts (formerly the Moscow State Institute of Culture). At the same university, she prepared and defended her candidate dissertation on the problems of continuing professional education for instructors of library schools (Professor Tatiana Karatygina served as her adviser). In 2000-2002, Elza was a visiting scholar at UCLA conducting research on Library Information Technology. Her fellowship was supported by the Junior Faculty Development Program, United States Department of State and the American Council of Teachers of Russian. Recently, she earned her MLIS degree from San Jose State University. In the USA, Elza obtained first-hand experience in special, academic and public libraries. Presently, she works as a Librarian at the Long Beach Public Library in Long Beach, California. As in the first edition, Elza identified new terms used in American librarianship and selected relevant terminology in both English and Russian languages.

After graduation from UCLA's Department of Information Studies in 2002, Inna Ilinskaya worked as the Electronic Information Services Librarian at Florida International University until September 2007. Living in the greater Seattle area today, she works for Serials Solutions as the Implementation Specialist for the 360 MARC Updates product. Inna contributed numerous new English terms as well as their Russian equivalents for this edition.

Next, I am pleased to introduce Ms. Ekaterina Efimova, a reference librarian, from the Scientific Library of the Ural State University in Yekaterinburg, who is a visiting Fulbright Scholar at UCLA studying virtual reference services during the 2008/2009 academic year. By the way, you might enjoy reading her library blog at http://rusu-library.blogspot.com/. Notably, she helped us to update the word list to reflect the new, digital era of librarianship and information science.

Finally, Elena V. Valinovskaya served as one of the original compilers of the first edition of the dictionary and then served as the senior editor. While still an undergraduate student at the St. Petersburg State Academy of Culture (SPSAC), she assisted in the creation of an American English slang dictionary for student use at her institution in 1995. She graduated in June 1998 from SPSAC's group teaching reference service and English, having spent the fall 1997 quarter as a graduate student at UCLA's Department of Information Studies. This time around, she served as final proofreader of the second edition, paying particular attention to consistency and spell-checking.

Sources

As before, we have relied upon many print and online sources. In the first edition, we apparently overlooked the "Anglo-Russian Dictionary of Library Terms," compiled by V. F. Sakharov in 1941. We have since reviewed it and wish to acknowledge its utility, though it is now quite dated, of course. Other general and subject domain dictionaries, we have found essential: 1) Merriam-Webster's College Dictionary, 12th ed., 2012; 2) Microsoft Computer Dictionary, 5th ed., 2002; 3) ABBYY's Lingvo x5, 2011.

This time, our regular browsing of the print professional literature included American Libraries, College & Research Libraries, IFLA Journal, Journal of Education for Library and Information Science, Libraries & Cultural Record, and Library Quarterly. For information technology terms, we browsed Computerworld and the Journal of the American Society of Information Science and Technology regularly as well. In addition, the New York Times, especially its "circuits" and "technology news" sections, were invaluable. And, this time around, we found Chris Anderson's Wired Geekipedia, A Supplement to Wired (2007) at http://www.wired.com/wired/issue/geekipedia especially useful.

As for other online sources of new terms we consulted numerous web-sites of professional organizations and associations such as the American Library Association and the American Society for Information Science and Technology. Finally, we draw the readers' attention to the existence of two online blogs: 1) Tame the Web at http://tametheweb.com/ and 2) Librarian in Black at http://librarianinblack.typepad.com.

In particular, I wish to acknowledge two of my grand-nieces for reminding me to include three words: geek, nerd, but especially dork. They will understand which one applies to them!

John V. Richardson Jr.
Editor-in-Chief
Los Angeles, December 2012

Список использованных сокращений

амер. американский термин
англ. английский термин
вчт. вычислительная техника
греч. греческий термин
д. дюйм
ит. итальянский термин
лат. латинский термин
мм. миллиметр
мн. ч. множественное число
напр. например
нем. немецкий термин
полигр. полиграфия
разг. разговорное выражение
см сантиметр
см. смотри
см. также смотри также
сокр. сокращение
стат. статистика
т.д. так далее
т.п. тому подобное
фото фотография (дело)
фр. французский термин

A

AACR	*см.* Anglo-American Cataloguing Rules
Abbreviation	сокращение, аббревиатура
ABC book	азбука, букварь
Abridged dictionary	краткий словарь
Abridged edition	сокращенное издание
Abridged UDC	сокращенное издание УДК
Absolute location	*см.* Fixed location
Abstract	1. реферат; 2. реферативный; 3. реферировать
Abstract journal	реферативный журнал, РЖ
Abstract publication	реферативное издание
Abstracting	реферирование
Abstracting service	реферативная служба
Academic library	академическая библиотека; университетская библиотека; вузовская библиотека, библиотека высшего учебного заведения
Academic publication	1. академическое издание; 2. университетское издание
Access	доступ
Access point	поисковый элемент
Access time	время доступа; время, затрачиваемое на поиск
Access to shelves	доступ к полкам

Accession	1. поступление (книг), пополнение книжного фонда; 2. инвентаризация; 3. регистрировать, инвентаризировать
Accession arrangement	*см.* Accession order
Accession book	*см.* Accessions register
Accession code	*см.* Accession number
Accession list	список новых поступлений, инвентарный лист
Accession number	инвентарный номер
Accession order	инвентарная расстановка фонда
Accession record	инвентарная запись
Accession stamp	штемпель библиотеки
Accessioner	инвентаризатор
Accessions	новые поступления
Accessions register	инвентарная книга
Accompanying material	сопроводительный материал
Account book	книга суммарного учёта, бухгалтерская книга
Accounting	*см.* Library accounting
Accounting report	отчет; бухгалтерский отчет
Acid-free paper	бескислотная бумага
Acoustic coupler	акустический соединитель
Acquiring	приобретение
Acquisition	комплектование, приобретение
Acquisition profile	профиль комплектования
Acquisition record	регистрационная картотека
Acquisition source	источник комплектования

Англо-русский словарь

Acquisitions budget	средства на новые приобретения
Acquisitions department	отдел комплектования
Acquisitions librarian; Acquisitions officer	комплектатор
Acquisitions policy	политика комплектования
Acronym	акроним
Act	акт, документ
Active stock	действующий фонд, оперативный фонд
Ad	*см.* Advertisement
Adaptation	адаптированное издание
Added card	добавочная карточка
Added copy	дублетный экземпляр (запланированная дублетность)
Added edition	добавочное издание
Added entry	добавочная библиографическая запись; добавочное описание
Added title page	дополнительный титульный лист; *см. также* Main title page
Addenda	*мн. ч.* от Addendum
Addendum	*лат.* приложение, дополнение (в книге)
Addition	дополнение
Additional acquisition	докомплектование, дополнительное комплектование
Additional card	дополнительная карточка
Additional class number	дополнительный индекс
Additional copy	дублетный экземпляр

Additional impression; additional run	дополнительный тираж
Additional volume	дополнительный том
Adjustable shelf	подвижная полка
Adjustment	регулирование (подвижных книжных полок)
Administrative fee	плата за услугу
Admission card	*см.* Borrower's card
Adolescent library	*см.* Chilren's library
Adult education	образование для взрослых
Adult library	библиотека для взрослых читателей
Advance copy	полигр. сигнальный экземпляр
Advance order	предварительный заказ (до выхода книги)
Advanced reader	подготовленный читатель, продвинутый читатель
Adventure novel	приключенческий роман; авантюрный роман
Advertisement	объявление, реклама
Advertising edition	рекламное издание
Afterword	послесловие
Ag(e)ing	старение (бумаги, документа, информации); устаревание (документа)
Agenda	повестка дня
Agent	агент, фирма (поставляющая книги и т.п., посредник между библиотекой и издательством в процессе приобретения книг)
Ag(e)ing of the substrate	старение материальной основы документа

Agricultural library	сельскохозяйственная библиотека
ALA	*см.* American Library Association
Album	альбом
Alexandrian Library	Александрийская Библиотека
Algorithm	Алгоритм
Algraphy	альграфия (плоская печать, при которой печатной формой является тонкая алюминиевая пластина)
Alkaline paper	бумага, содержащая щелочное соединение, которое обеспечивает нейтрализацию кислотности
All rights reserved	авторские права защищены; "перепечатка воспрещается"
Allocate	размещать; распределять (книги)
Allocation	размещение; распределение (книг)
Allocation formula	расчетная формула распределения (бюджета)
Allocation policy	политика распределения (средств)
Allonym	1. аллоним (чужое подлинное имя, взятое как псевдоним); 2. книга, опубликованная под аллонимом
Allusion book	сборник ссылок к произведениям известного писателя
Almanac(k)	альманах; календарь
Alphabet	алфавит, азбука
Alphabet of symbols	алфавит кода, алфавит нотаций
Alphabetic(al) index	алфавитный указатель
Alphabetic(al) notation	буквенная индексация, буквенная нотация

Alphabetic(al) subject catalog	алфавитно-предметный каталог
Alphabetical arrangement	алфавитное расположение; алфавитная расстановка
Alphabetical sequence	алфавитная расстановка
Alphabetical catalog	алфавитный каталог, АК
Alphabetical order	алфавитный порядок
Alphabetical subject index	алфавитно-предметный указатель
Alphabetical subject index to the classified catalog	алфавитно-предметный указатель к систематическому каталогу, АПУ
Alphabetically	в алфавитном порядке; по алфавиту
Alphabetically by author	в алфавите имен авторов
Alphabetico-classed catalog	алфавитно-систематический каталог
Alphabetization	алфавитное расположение
Alphabetize	располагать в алфавитном порядке
Alteration	изменение, исправление, поправка; авторская правка
Alternative class number	альтернативный индекс
Alternative title	альтернативное заглавие; подзаголовок
Aluminography	*см.* Algraphy
Amendment	исправление, поправка
Amendment list	перечень опечаток (в конце книги)
American Library Association, ALA	Американская библиотечная ассоциация
American Russia	*см.* Russia cowhide

Americana	Американа (документы о странах Америки или документы, изданные в Америке)
Analog computer	аналоговая вычислительная машина
Analog-digital computer	аналого-цифровая вычислительная машина
Analysis	анализ
Analytic	*см.* Analytical entry
Analytical annotation	аналитическая аннотация
Analytical class number	аналитический классификационный индекс
Analytical classification	аналитическое классифицирование, аналитическая систематизация
Analytical entry	аналитическое библиографическое описание
Analytical processing	аналитическая обработка
Analytical reader's card	аналитический читательский формуляр
Analytical relations	аналитические отношения
Analytico-synthetic classification	аналитико-синтетическая классификационная система
Analytico-synthetic processing of information	аналитико-синтетическая обработка информации
Analyze	делать аналитическую роспись
Anastatic printing	полигр. анастатическая печать
And others (et al.)	и другие (в библиографическом описании), и др.

Anglo-American Cataloguing Rules, AACR — Англо-русский словарь

Anglo-American Cataloguing Rules, AACR	"Англо-американские правила каталогизации"
Annals	летопись
Annex	приложение
Annotate	аннотировать; снабжать примечаниями
Annotated bibliography	аннотированная библиография
Annotated catalog card	аннотированная каталожная карточка
Annotating	аннотирование
Annotation	аннотация; примечание
Annual	годовой; ежегодный; ежегодник
Annual report	годовой отчет
Anonym	1. аноним; 2. псевдоним; 3. анонимное издание
Anonymous classic	анонимное классическое произведение
Answering machine	автоответчик
Ante-dated (book)	книга, датированная более ранним (задним) числом
Anthology	антология
Anti-theft detection system	противокражная система обнаружения; противокражные ворота
Antiquarian book	антикварная, старопечатная, букинистическая книга
Antiquarian bookseller	книготорговец антикварными книгами; букинист
Antique binding	см. Monastic binding
Antique finish paper	бумага с грубой поверхностью, напоминающая старинную бумагу ручной выделки

Antivirus program	антивирусная программа
Aperture card	апертурная перфокарта
Apocryphal	1. апокрифический; 2. недостоверный, сомнительный
Apograph	апограф, точная копия рукописи
Apostil	заметка на полях, примечание
Apostrophe	апостроф
Apparatus of a classification	методические указания (в таблицах классификации, систематических каталогах)
Appendix	приложение
Application form or card	регистрационная карточка читателя, бланк для записи (читателя)
Application package	*вчт.* пакет прикладных программ, ППП
Appraisal (review)	оценка, определение стоимости; рецензия
Approval plan (order)	заказ книг для ознакомления и возможного приобретения с правом возврата
Aquatint	акватинта
Aquatone	фототипия
Arabesque	арабеска
Arabic figure	арабские цифры
Arabic script	арабский шрифт
Arbitrary symbol	опознавательный знак (в таблицах классификаций); условный разделительный знак
Archival collection	архивный фонд
Archival copy	архивный экземпляр
Archival studies (the study of archives)	архивное дело
Archive	архив, архивное учреждение

Archivist	архивист; архивариус
Area	область библиографического описания
Area librarian	заведующий районной библиотекой и ее филиалами
Armarian	армарий, хранитель или библиотекарь средневековой монастырской библиотеки
Armarius	*см.* Armarian
Armorial binding	переплёт с гербом
Arrange	располагать, расставлять (книги, карточки)
Arrangement	1. расположение, расстановка (книг, карточек), порядок; 2. муз. аранжировка
Arrangement by languages	языковая расстановка
Arrangement by size	форматная расстановка
Array	ряд
Arrow key	вчт. клавиша со стрелкой
Art	см. Artwork
Art book	изоиздание; книга по искусству
Art collection	фонд изобразительных материалов, фонд изоизданий
Art edition	художественное издание
Art library	библиотека по искусству; отдел литературы по искусству
Art paper	мелованная бумага
Art postcard	изобразительная открытка, художественная открытка
Art reproduction	художественная репродукция
Artefact	*см.* Artifact
Article	статья

Англо-русский словарь   Atlas

Artifact	артефакты, памятники материальной культуры
Artificial classification	1. искусственная классификационная система; 2. Искусственная классификация
Artificial language	искусственный язык; *см. также* information retrieval language
Artotek	артотека, библиотека по искусству (специализированная библиотека или подразделение библиотеки, которые формируют фонд изданий, связанных с изобразительным искусством)
Artotype	фототипия
Artwork	1. *полигр.* иллюстрации, иллюстративный материал; 2. фотооригинал
Assistant	1. библиотекарь, помощник библиотекаря; 2. ассистент (преподавателя)
Assistant director	заместитель директора
Assistant librarian	заместитель директора библиотеки
Associate director	*см.* Assistant director
Associate librarian	заместитель заведующего библиотекой; заместитель директора библиотеки
Association book	*см.* Association copy
Association copy	книга, принадлежавшая автору, выдающемуся лицу, или известной библиотеке, доказательством чего служит экслибрис, автограф, другие знаки и пометки, а также записи в инвентарных книгах
Association library	библиотека ассоциации, общества, организации и.т.п.
Asterisk	астериск, звездочка, знак заимствованной нотации, знак сноски
Atlas	атлас

Attributed author	предполагаемый автор
Audio library	фонотека
Audiobook	Аудиокнига
Audiotape	магнитофонная лента, магнитная лента для звукозаписи
Audiovisual document	аудиовизуальный документ
Audiovisual equipment	аудиовизуальные средства
Audiovisual materials, AV materials	аудиовизуальные материалы
Audiovisual publication	аудиовизуальное издание
Authenticity	достоверность информации
Author	автор
Author abstract	автореферат
Author abstract of a thesis	автореферат диссертации
Author arrangement	авторская расстановка, расстановка в алфавите фамилий авторов
Author bibliography	персональная библиография, библиография произведений отдельного автора
Author catalog	авторский каталог
Author entry	библиографическая запись под именем автора; авторское описание
Author heading	авторский заголовок
Author index	авторский указатель, указатель авторов
Author mark	*см.* Author number
Author number	авторский знак
Author order	*см.* Author arrangement

Англо-русский словарь

Author statement	сведения об ответственности
Author table	таблица авторских знаков, авторские таблицы
Author's edition	полное собрание сочинений, полное собрание произведений; авторизованное издание
Author's copy	авторский экземпляр
Author's name	имя автора
Author's original	авторский оригинал
Author's right	авторское право
Author's sheet	авторский лист
Authority control	авторитетный контроль, нормативный контроль (контроль за соблюдением решений, зарегистрированных в авторитетной записи)
Authority file	авторитетный файл, нормативный файл, авторитетные данные
Authority list	*см.* Authority file
Authority record	авторитетная запись, нормативная запись
Authorized edition	авторизованное издание
Authorship	авторство
Autobibliography	автобиблиография
Autobiography	автобиография
Autograph	1. автограф; 2. оригинал рукописи
Autographed copy	экземпляр с автографом автора
Autographed edition	издание с автографом автора
Autography	1. автография (изучение автографов, подлинных рукописей); 2. собственноручный почерк автора; 3. литографский способ получения факсимиле с оригинала рукописи; 4. оригинал рукописи

Autolithography	автолитография
Automated acquisitions system	автоматизированная система комплектования
Automated circulation system	автоматизированная система книговыдачи
Automated library information system	автоматизированная библиотечно-информационная система, АБИС
Automated library system	автоматизированная библиотечная система, интегрированная библиотечная система
Automated service	компьютерная услуга; автоматизированная услуга
Automated system	автоматизированная система, АС
Automated workstation	автоматизированное рабочее место, АРМ
Automatic abstracting	автоматическое реферирование
Automatic annotating	автоматическое аннотирование
Automatic data processing (ADP)	автоматическая обработка данных; автоматизированная обработка данных; машинная обработка данных; электронная обработка данных
Automatic indexing	автоматическое индексирование
Automatic routing	автоматическое направление новых номеров периодических изданий к читателям по заранее составленному списку
Automation	автоматизация
Autonym	автоним; книга, опубликованная под автонимом
Autotype	автотипия

Auxiliary card	вспомогательная карточка
Auxiliary classification table	вспомогательные таблицы классификации
Auxiliary index	вспомогательный указатель
Auxiliary number	вспомогательный индекс; типовой индекс (ББК); индекс определителя (УДК)
Auxiliary schedule	вспомогательные таблицы
Auxiliary syndesis	вспомагательный аппарат (напр. ссылки), который используется как дополнение к порядку, принятому в указателе, в целях раскрытия других соотношений
Auxiliary table	вспомогательные таблицы
AV materials	*см.* Audiovisual materials
Availability	1. наличие (книг); 2. пригодность; доступность
Available for consultation	для пользования в библиотеке
Available for loan	выдается по абонементу
Available free	высылается бесплатно
Available on exchange	получается в порядке книгообмена
Available on request	выдается по требованию
Avatar	Аватар, разг. аватарка. "Виртуальный персонаж", небольшое статичное или анимированное изображение, которое представляет жителя сети, используется на форумах, в виртуальном мире (например, во Второй Жизни)
Average price	средняя цена
Average reader	средний читатель, массовый читатель

Azure tooling

Azure tooling — тиснение в виде ассюре (украшение переплета, состоящее из тиснённых горизонтальных параллельных линий)

B

Back	1. оборотная сторона листа; 2. корешок
Back coupling	обратная связь
Back cover	*см.* Lower cover
Back file	комплект предшествующих номеров периодического издания
Back issue	предшествующий номер; предшествующий выпуск (периодического издания)
Back lining	корешковый материал (прочная бумага, марля, наклеиваемая на корешок книжного блока для повышения прочности)
Back matter	аппарат издания
Back number	предшествующий номер (периодического издания)
Back page	оборотная страница, оборотная сторона листа
Back runs (of newspapers and periodicals)	подшивка; выпуски за прошлые годы (газет/журналов)
Back title	заглавие на корешке
Back up	1. печатать оборотную сторону листа 2. *вчт.* резервная копия
Back-of-the-book bibliography	прикнижный (пристатейный) библиографический список (обзор, указатель); прикнижное библиографическое пособие
Backbone	корешок (книг)
Backlogs	необработанные книги; незавершенная работа
Backspace key	*вчт.* клавиша возврата на одну позицию

Baconian Classification	система классификации Ф. Бэкона
Bad copy	1. дефектный экземпляр; 2. неразборчивая рукопись
Bad letter	*см.* Damaged letter
Ballopticon	*см.* Opaque projector
Band	*полигр.* бинт (элемент оформления издания)
Bandwidth	1. полоса пропускания, ширина полосы пропускания; 2. Бессер
Banned book	запрещённая книга
Banner	1.*см.* Banner headline; 2. *Вчт.* баннер
Banner headline	шапка
Bar code	штриховой код; штрих-код; бар-код
Bar code label	этикетка со штриховым кодом
Bar code scanner	устройство считывания штрихового кода
Bar-coding system	компьютер система с использованием штриховых кодов (при регистрации выдачи/сдачи книг)
Base of a notation	база нотации
Base of symbolism	база индексации, см. также Alphabet of symbols
Baseline	фундамент; основа; базис
Basement	нижний этаж; (полу) подвальный этаж
Basic book collection	основной книжный фонд; ядро книжного фонда
Basic book stock	база нотации
Basic class	*см.* Main class
Bastard title	*см.* Half title
Bastard type	смешанный (нестардатный) шрифт
Batch of cards	партия карточек

Англо-русский словарь — Bibliographic area

Batch processing	*вчт.* пакетная обработка
Battered book	изношенная книга
Battered letter	*см.* Damaged letter
Bay (of shelves)	1. ниша; 2. пространство между двумя полками
Bay guide	полочный указатель в нише
BBK	*см.* Bibliotechno-bibliograficheskaya klassifikatsiya
BBS	*см.* Bulletin Board System
Belles - lettres	*фр.* художественная литература, беллетристика; литературно-художественное издание
Bequest	наследие, посмертный дар
Best-seller	бестселлер
Biannual	1. выходящий два раза в год; полугодовой 2. издание, выходящее два раза в год
Bias phase	(в классификации) соотношение между фазами, при котором один предмет, представленный в книге, рассматривается с точки зрения профессионалов, представляющих другую отрасль
Bibelot	*фр.* миниатюрное издание
Bible	1. Библия; 2. авторитетный справочник
Bible paper	библьдрук (особо тонкая непрозрачная бумага)
Biblioclast	читатель, портящий книги
Bibliognost	знаток книг; книновед
Bibliographer	библиограф
Bibliographic activities	библиографическая деятельность
Bibliographic area	область библиографического описания

Bibliographic catalog	библиографический каталог
Bibliographic checking	библиографическое разыскание
Bibliographic data	библиографические сведения, библиографические данные
Bibliographic data element	*см.* Data element 2
Bibliographic description	библиографическое описание, БО
Bibliographic element	элемент библиографического описания
Bibliographic entry	*см.* Bibliographic record.
Bibliographic file	библиографическая картотека, БК
Bibliographic information	библиографическая информация
Bibliographic instruction	обучение библиотечно-библиографической грамотности
Bibliographic message	библиографическое сообщение
Bibliographic record	библиографическая запись, БЗ
Bibliographic reference	1. библиографическая ссылка; 2. библиографическая справка
Bibliographic search	библиографический поиск, библиографическое разыскание
Bibliographic source	источник библиографической информации, библиографический источник
Bibliographic utility	библиографическая служба

Bibliographic(al) verification	библиографическая проверка
Bibliographic(al) work	библиографическая работа
Bibliographic(al) center	библиографический центр
Bibliographic(al) classification	библиографическая классификация; библиографическая систематизация
Bibliographic(al) classification system	система библиотечно-библиографической классификации
Bibliographic(al) control	библиографический учет
Bibliographic(al) coupling	метод библиографического сочетания
Bibliographic(al) database	библиографическая база данных
Bibliographic(al) dictionary	библиографический справочник
Bibliographic(al) editing	библиографическое редактирование
Bibliographic(al) edition	библиографическое издание
Bibliographic(al) identification	библиографическая идентификация
Bibliographic(al) index	библиографический указатель, БУ
Bibliographic(al) item	объект составления библиографического описания
Bibliographic(al) list	библиографический список
Bibliographic(al) note	библиографическое примечание

Bibliographic(al) processing	библиографическая обработка
Bibliographic(al) products	библиографическая продукция
Bibliographic(al) request	библиографический запрос
Bibliographic(al) review	библиографический обзор
Bibliographic(al) service	библиографический сервис, библиографическое обслуживание
Bibliographic(al) strip	библиографическая полоска
Bibliographic(al) tool	библиографическое пособие
Bibliographic(al) unit	единица описания
Bibliographical ghost	издание, упоминаемое в библиографиях, но существование которого достоверно не установлено
Bibliographing	библиографирование
Bibliography	библиография; библиографическая пособие
Bibliography at the end of the article	пристатейная библиография
Bibliography at the end of the book	прикнижная библиография
Bibliography in footnotes	подстрочная библиография
Bibliography of bibliographies	библиография библиографии; библиография второй степени
Bibliokleptomaniac	библиоклептоман

Англо-русский словарь — Bilingual dictionary

Bibliolater	страстный книголюб
Bibliolatry	библиолатрия (страстная любовь к книгам)
Bibliologist	книговед
Bibliology	книговедение
Bibliomane	*см.* Bibliomaniac
Bibliomania	библиомания
Bibliomaniac	библиоман
Bibliometrics	библиометрия
Bibliopegy	библиопегистика (учение о книжных переплетах)
Bibliophile	библиофил
Bibliophile binding	библиофильский переплет
Bibliophile edition	библиофильское издание
Bibliophobia	библиофобия
Bibliopole	букинист
Bibliopsychology	библиотечная психология
Bibliotaph	библиотаф (владелец библиотеки, не позволяющий другим пользоваться ее материалами)
Bibliotechno-bibliograficheskaya Klassifikatsiya, BBK	библиотечно-библиографическая классификация, ББК
Bibliotherapy	библиотерапия
Biennial	издание, выходящее 1 раз в два года
Bifurcate classification	дихотомическая классификация
Bilingual dictionary	двуязычный словарь

Bimonthly	двухмесячник (издание, выходящее 1 раз в два месяца)
Binary notation	двоичная система изображения чисел; двоичная система исчисления
Bind	переплетать
Bind in paper boards	переплетать в картон
Binder	1. переплётчик; 2. футляр; коробка; скоросшиватель; папка (для хранения журналов, брошюр, вырезок)
Binder's title	заглавие на переплёте
Binding	переплёт
Binding type	тип переплета
Biobibliography	биобиблиография; биобиблиографическое пособие
Biodeterioration	биоповреждение (материальной основы документа)
Biographical dictionary	биографический словарь
Biography	биография
Biological prevention	защита от биологического фактора
Bioproofness	биостойкость (материальной основы документа)
Bit	бит
BitTorrent	вчт. 1. Битовый Поток - P2P-протокол, предназначенный для обмена файлами через интернет; 2. Технология распределённого распространения файлов, как правило, большого объёма. Отличается высокой скоростью и централизованностью. *См. также* Peer-to-peer networking

Biweekly	*см.* Fortnightly
Black hat	*вчт.* Черные шляпы - на компьютерном слэнге это плохой человек, хакеры, взломщики компьютерных сетей. *См. также* Cracker, Gray hat, Hacker, and White hat
Black letter	древнеготический шрифт
Blank	шпация; промежуток; пробел
Blanket order	договор о заказе книг, в соответствии с которым библиотека получает от издательства копию всех публикаций в рамках, оговоренных в договоре, обычно без права возврата, синонимы: Gathering plan
Bleaching	отбеливание (бумаги)
Bliss Bibliographic Classification	"библиографическая классификация" Блисса
Block	1. клише; 2. печатная форма; 3. тиснить узоры на переплёте; 4. Склеивать листы бумаги в блоки
Block almanac	отрывной календарь
Block book	ксилографическая книга
Block calendar	*см.* Block almanac(k)
Blocking	1. тиснение (на переплёте); 2. сцементирование (материальной основы документа)
Blog	*вчт.* 1. Блог (веб сайт для текстового общения). 2. Веблог. Сетевой журнал, информация в который вносится владельцем веб-сайта, собирается из других веб-сайтов или вносится другими интернет-пользователями. *См. также* Photoblog and Vblog

Blogosphere	Англо-русский словарь
Blogosphere	*вчт.* Блогосфера - совокупность всех блогов как сообщество или социальная сеть. *См. также* Social network
Blu-Ray	Блю-Рэй (дословно, Синий луч). Лазерные технологии, позволяющие записывать больший объем данных на оптический диск
Bluetooth	*вчт.* Блютус или Блютуф (дословно, Синий зуб) Компьютерная технология на основе беспроводных сетей, обеспечивающая обмен информацией между компьютерными устройствами средствами радиочастотной ближней связи
Blurb	*разг.* издательская аннотация
Board label	экслибрис
Bold type	жирный шрифт
Book	1. книга; литературное произведение; 2. том, издание; 3. книжный блок
Book architectonic(s)	архитектоника книги
Book band	манжет книги
Book card	книжный формуляр, формуляр книги
Book card file	картотека выдачи
Book catalog	печатный каталог
Book chamber	книжная палата
Book classification	библиотечная классификация
Book cover	суперобложка
Book crafts	книжное дело
Book decoration	книжное украшение
Book distribution	книгораспространение
Book exchange	*см.* Exchange 1,2
Book exhibition	книжная выставка

Book fair	книжный ярмарка
Book hygiene	гигиена книги
Book illustration	книжная иллюстрация
Book jacket	суперобложка
Book label	*см.* Bookplate
Book lover	книголюб
Book market	книжный рынок
Book number (for lending)	номер, буква или другой знак, используемые для того, чтобы отличить одну книгу от другой в пределах одного классификационного деления
Book plate	книжный знак, экслибрис
Book pocket	кармашек книги, книжный кармашек
Book preparation	техническая обработка книг
Book production	1. книжное производство; 2. книжная продукция
Book promotion	содействие в продаже книг
Book propaganda	пропаганда книги
Book publisher	книгоиздатель
Book return	возрат книг
Book review	обзор книг
Book sale	книжная распродажа
Book selection	выбор книг; отбор книг (для приобретения комплектования фондов библиотеки)
Book size	формат книги
Book slip	*амер.* книжный формуляр
Book stock	книжный фонд
Book trade	книжная торговля, книготорговля, книготорговое дело
Bookbinder	переплётчик

Bookcard system	система книжных формуляров
Bookcase	книжный шкаф
Bookend	книгодержатель; подпорка для книг
Booklet	буклет, брошюра, памятка
Bookman	продавец книг
Bookmark	книжная заклада
Bookmobile	автобиблиотека, библиобус, передвижная библитека
Books in print	книги в наличии и печати
Bookseller	продавец книг
Bookseller's catalog	книготорговый каталог
Bookselling	*см.* Book trade
Bookshelf	книжная полка
Bookshop	книжный магазин
Bookstall	книжный киоск
Bookstand	книжный шкаф; книжный стеллаж или стенд
Bookstore	*амер.* книжный магазин
Booktalk	беседа о книгах
Bookworm	1. книжный червь (вредитель); 2. страстный любитель чтения, заядлый читатель; 3. буквоед
Boolean combination	*см.* Boolean connection
Boolean connection	логическое соединение
Boolean logic	булева логика
Boolean operators	логические операторы
Booth	кабина для индивидуальной работы

Borrow	брать книги по абонементу; брать книги на дом
Borrowable	выдаваемый на дом (о материалах библиотеки)
Borrower	абонент библиотеки
Borrower's card/ticket	читательский билет
Borrower's file	файл пользователя библиотеки
Borrower's number	абонементный номер, номер абонента
Borrowing charge	плата за выдачу литературы
Borrowing regulations	правила выдачи литературы по абенементу
Bottom note	см. Footnote
Bound	в переплёте; переплетёный
Bound volume	переплётная единица
Brackets	квадратные скобки
Bradford's Law of Scattering	закон распределения Бредфорда
Braille	брайлевская печать, шрифт Брайля
Braille library	библиотека для слепых
Braille publication	издание для слепых
Branch head	см. Branch Librarian
Branch librarian	заведующая/щий филиалом библиотеки
Branch library	филиал библиотеки

Brick-and-mortar	дословно – «Кирпич и строительный раствор» (слэнг) - нечто материальное. Используется для обозначения бизнеса или услуги, предоставляемых в физическом помещении лицом к лицу с клиентом. В библиотечном деле этим термином обозначают физическую коллекцию или книжный магазин. *См. также* Click-and-mortar
Brief cataloging	*см.* Short cataloging
British Library	Британская библиотека
British Museum Library	библиотека Британского музея
Broader term	родовой дескриптор; вышестоящий дескриптор; подчиняющий дескриптор; см. также Narrower term, Related term, Used for
Brochure	брошюра
Broken letter	*см.* Damaged letter
Browse	просматривать (бегло)
Browser	*вчт.* браузер, программа просмотра ("Всемирной паутины"); средство визуализации (и просмотра) объектов (напр., при отладке программы)
Browsing	просмотр (книг, картотеки и т.п.)
Budget	бюджет
Budget cuts	сокращение бюджета
Bug	*вчт.* ошибка в программе, баг
Building up collection	формирование фонда
Bulb	лампочка
Bulk	величина, объем (книги), толщина книги
Bulk subscription	коллективная подписка
Bulking dummy	*см.* Dummy 2

Англо-русский словарь

Bulletin	бюллетень; настенное объявление
Bulletin board	доска объявлений, списков новых поступлений и т. п.
Bulletin board system, BBS	электронная доска объявлений
Business information	бизнес-информация, деловая информация
Business library	бизнес-библиотека, деловая библиотека
Business plan	деловой план; бизнес план
By appointment only	только по предварительной договоренности/записи
Byname	*см.* Nickname
Byte	*вчт.* байт

C

Cabinet	*см.* Card catalog case
Calendar	1. календарь, альманах; 2. опись, реестр
Calico	коленкор (переплётный); переплётная ткань; ситец; миткаль; *см. также* Cloth
Call	телефонный звонок, звонить по телефону
Call back	перезвонить
Call card	*см.* Call slip
Call mark	*см.* Call number
Call number	шифр книги, шифр хранения документа, полочный шифр
Call slip	читательское требование, бланк требования
Calligraphy	каллиграфия
Cancel a loan	регистрировать возврат (книг); аннулировать (запись о выданной книге)
Cancel a stamp	погасить штамп
Cancel a subscription	остановить подписку, прекратить подписку
Cancel an accession number	погасить инвентарный номер
Cancel an order	аннулировать заказ; отменить заказ
Canceled leaf	*полигр.* дефектный лист (книги)
Canceling leaf	*полигр.* перепечатанный лист (вкладывается в книгу вместо дефектного листа)
Cancellation	погашение (штампа, инвентарного номера); полигр. выкидка
Cancellation mark	*см.* Deletion mark

Canon	1. шрифт канон; 2. список произведений, признаваемых подлинно принадлежащими определенному автору
Cap	*см.* Capital
Capital	прописная буква, заглавная буква
Capital letter	большая (прописная) буква, заглавная буква
Capitalization	применение заглавных букв
CAPTCHA	*см.* Completely Automated Public Turing test to tell Computers and Humans Apart
Caption	1. заголовок; 2. подпись к иллюстрации, подрисуночная подпись
Caption title	заглавие произведения, помещенное в начале первой страницы текста
Card	1. карточка; 2. формуляр
Card cabinet	*см.* Card catalog case
Card catalog	карточный каталог
Card catalog cabinet	*см.* Card catalog case
Card catalog case	каталожный шкаф, картотечный шкаф
Card file	картотека
Card filing	расстановка каталожных карточек
Card index	*см.* Card file
Card publication	карточное издание
Card-operated photocopier	копировальная машина, активизируемая пластиковой карточкой, оплачиваемой заранее
Carrel	кабина для научных занятий в книгохранилище или рядом со справочной библиотекой; читательский бокс
Cartobibliography	библиография картографических материалов

Англо-русский словарь

Cartographic publication	картографическое издание
Cartographic work	картографическое произведение
Cartographic(al) collection	фонд картографических материалов, картографический фонд
Cartographic(al) materials	картографические материалы
Cartridge	кассета; патрон; картридж
Case	1. крышка 2. футляр 3. Случай; *см. также* cover
Cased book	книга в твёрдом переплёте
Casework	переплётная работа
Cassette	кассета
Catalog	каталог
Catalog cabinet	*см.* Card catalog case
Catalog card	каталожная карточка
Catalog card withdrawal	изъятие карточек из каталога
Catalog code	правила каталогизации
Catalog conversion	конверсия каталога
Catalog department	отдел каталогизации
Catalog drawer	каталожный ящик
Catalog entry	каталогизационная запись
Catalog guide card	каталожный разделитель
Catalog maintenance	ведение библиотечного каталога
Catalog of periodicals	каталог периодических изданий
Catalog slip	временная каталожная карточка

Cataloger	каталогизатор; *см также* Indexer
Cataloging	каталогизация
Cataloging in Publication, CIP	каталогизация в издании, КВИ; каталогизация перед публикацией; помещение макета каталожной карточки в издание
Cataloging rule	правило каталогизации
Catch letters	колонтитул
Catch title	*см.* catchword title
Catchword	1. кустода (слово, с которого начинается следующая страница, помещаемое на предыдущей странице); 2. колонтитул; 3. существенное, выносное (характерное) слово
Catchword Title	характерное заглавие
Category	категория
Category label (fiction)	Тематическая наклейка на корешке книги
Cater to (businessmen, children)	обслуживать
CD	*см.* Compact disk
CD-DA	*см.* Compact disk digital audio
CD-i	*см.* Compact disk interactive
CD-ROM	*см.* Compact disk read only memory
Ceased publication	прекратившееся издание
Cellular communication	сотовая связь
Censorship	цензура
Central catalog	центральный каталог
Central library	центральная библиотека, ЦБ

Англо-русский словарь

Central processing unit, CPU	вчт. центральный процессор
Centralized acquisition	централизованное комплектование
Centralized cataloging	централизованная каталогизация документов, ЦКД
Centralized classifying	централизованная классификация
Centralized indexing	централизованное индексирование
Centralized library system	централизованная библиотечная система, ЦБС
Centralized processing	централизованная обработка
Certified librarian	дипломированный библиотекарь
Chain	цепь (в классификации)
Chain indexing	цепной метод составления указателя
Chain procedure	цепной метод
Chalcography	гравирование на меди
Chalk drawing	рисунок мелком
Changed title	изменённое заглавие
Chapel	1. типография; 2. коллектив типографских рабочих
Chapter	глава
Character	1. буква, шрифт; почерк; цифра; 2. символ; знак; условное обозначение; 3. герой, литературный образ
Character recognition	см. Optical character recognition
Character set	шрифт; фонт; набор символов

Charge	1. делать абонементную запись, записывать выдачу книг; 2. стоить; 3. запись о выдаче книг, абонементная запись; 4. взимание платы
Charge card	формуляр документа
Charge file	картотека книжных формуляров, картотека выдачи
Charge fine	налагать штраф
Charge out	выдавать (книги)
Charge slip	формуляр документа; *см. также* Charging
Charging	формуляр документа
Charging desk	*см.* circulation desk
Charging file	картотека выдачи
Charging system	система учета выдачи книг, абонементная система
Chart	1. морская карта; 2. карта-схема
Chart paper	картографическая бумага
Charter	устав
Chat	*вчт.* Текстовое или конферированное (с использованием вэб-камеры) общение через Интернет в режиме реального времени, чат
Cheap edition	дешевое издание
Check	1. контроль, проверка; контрольный штемпель; 2. проверять, контролировать; отмечать (галочкой)
Check bibliographic details	проверять/уточнять элементы библиографического описания книги
Check books against readers' requests	Проверять соответствие читательского запроса с хранящейся в библиотеке книгой
Check digit	Контрольная цифра

Англо-русский словарь

Check in	*амер.* принимать (книги); регистрировать прием (книг)
Check out	*амер.* выдавать (книги); регистрировать выдачу (книг)
Check point	контроль на выходе
Check-list	контрольный список, перечень (книг, журналов, газет и т.п..)
Check-list card	регистрационная карточка (периодики)
Check-list file	регистрационная картотека
Check-out desk	контрольный стол регистрации приема и выдачи (документов)
Checkout routine	списание документов, исключение документов из фондов
Chemise	*фр.* суперобложка
Chief librarian	директор библиотеки, заведующий библиотекой
Children's book	детская книга
Children's librarian	библиотекарь детской библиотеки
Children's library	Детская библиотека
Choice of access points	выбор поисковых документов
Choice of entry element	выбор первого элемента библиографической записи
Chrestomathy	хрестоматия
Christian name	имя
Chromolithography	хромолитография (литографическая печать, при которой получают многокрасочные изображения)
Chronicles	летопись, анналы
Chronological arrangement	хронологическая расстановка

Chronological catalog	хронологический каталог
Chronological order	хронологический порядок
Chronological subdivisions	хронологические типовые деления; хронологические определители
CIM	*см.* Computer input microfilm
Cine-document	кинодокумент
CIP	*см.* Cataloging in Publication
Cipher	шифр
Ciphering	шифрование
Circular routing	кольцевая почта
Circulate	1. выдавать по абонементу; 2. циркулировать, обращаться
Circulating library	библиотека с (платной) выдачей книг на дом
Circulation	1. выдача книг по абонементу; книговыдача; 2. обращаемость, распространение книги; 3. *полигр.* завод; тираж
Circulation control system	система регистрации выдачи книг на абонементе
Circulation department	*амер.* отдел абонемента, абонемент
Circulation desk	кафедра выдачи (книг), абонементный стол, стол выдачи по абонементу, стол выдачи
Circulation slip	*амер.* формуляр документа
Circulation work	работа на абонементе
Citation	1. цитата; цитирование; библиографическое цитирование; 2. библиографическая ссылка; 3. отсылка к источнику

Citation index	указатель цитированной литературы; указатель библиографических ссылок
Citation list	*амер.* список цитированной литературы
City library	городская библиотека
City map	план города
Claim	рекламация
Clandestine literature	подпольная литература
Clandestine press	подпольная типография
Clasps	книжные застежки (пряжки на старинных переплетах)
Class	класс
Class entry	классификационное деление, запись класса, классификационная рубрика
Class guide	разделитель перед классом, разделом и т.п.
Class mark	*см.* class number
Class mark label	шифр на корешке книги
Class number	(классификационный) индекс
Classed catalog	*см.* classified catalog
Classic	1. классический; 2. писатель-классик; 3. классическое произведение
Classical author	*см.* Classic 2.
Classification	классификация; классифицирование; систематизация
Classification by dichotomy	*см.* Bifurcate classification
Classification characteristic	классификационный признак
Classification decision	классификационное решение

Classification mark	*см.* Class mark
Classification number	*см.* Class number
Classification schedules	таблицы классификации, классификационные таблицы; *см. также* Classification tables
Classification scheme	схема классификации, классификационная схема
Classification structure	классификационная структура
Classification system	система классификации
Classification tables	таблицы классификации, классификационные таблицы
Classified arrangement	систематическая расстановка, систематическое расположение
Classified bibliography	систематическое библиографическое пособие
Classified catalog	систематический каталог
Classified file	систематическая картотека
Classified index	систематический указатель
Classified order	систематический порядок
Classified sequence	систематическая расстановка
Classified subject catalog	систематический предметный каталог
Classifier	систематизатор
Classify	классифицировать; систематизировать
Classifying	систематизация
Clay tables	глиняные дощечки

Clearinghouse	координационный информационный центр; справочно-информационный центр (по научным исследованиям и разработкам)
Cliche	*фр.* клише
Click-and-mortar	*вчт.* Щелчок (клавишей компьютерной мыши) и строительный раствор (слэнг) - бизнес или услуги, предоставляемые в виртуальном пространстве веб-сети. См. также Brick-and-mortar
Client	читатель, абонент, клиент
Clipping	*амер.* вырезка (газетная, журнальная и т.п.); вырезка из периодического издания
Clipping file	собрание газетных вырезок
Clipping service	работа с вырезками
Cloakroom	гардероб
Clone	*вчт.* клон (копия программы или ЭВМ)
Close classification	дробная классификация
Closed access	закрытый доступ
Closed access library	библиотека с закрытым доступом
Closed entry	законченное, закрытое описание (описание законченного серийного или многотомного издания, в котором указаны все выпуски или тома)
Closed file	законсервированный каталог
Closed shelves	*см.* Closed access
Closed stack(s)	1. закрытый фонд; 2. см. Closed shelves
Closed user group	ограниченный круг пользователей (определенная группа абонентов, которой разрешен доступ к части базы данных или иных средств видеотекса)
Cloth	(переплетная) ткань

Cloth binding	1. переплетная техническая ткань; 2. цельнотканевый переплет
Cloth bound (book)	книга в цельнотканевом переплете
Cluster	*вчт.* кластер (в распознавании образов – группа объектов с общими признаками)
Cluster analysis	*вчт.* кластерный анализ
Clustering	*вчт.* кластеризация
CMC	*см.* Computer Mediated Communication
CMS	*см.* Content Management System
Co-author	*см.* Joint author
Co-authorship	соавторство
Coated paper	мелованная бумага
Code	1. кодекс; 2. шифр, код; 3. шифровать, кодировать
Codec	*вчт.* Кодек - устройство или программа, кодирующая или раскодирующая поток электронной информации или сигналов
Codex	кодекс (старинная рукопись в форме книги)
Coding	кодирование, шифрование
Coffee table book	*разг.* богато иллюстрированная книга большого формата, помещаемая на видном месте
Coin-operated	Принимает монеты
Collaborative publication	совместное издание
Collaborator	сотрудник; участник коллективной работы (соавтор, соредактор и т.п.)
Collage	коллаж
Collateral classes	коллатеральные классы (в УДК)

Collating	подборка (информация из нескольких массивов)
Collation	количественная характеристика
Colleague	коллега; сотрудник/сотрудница
Collect (a book)	брать (книгу)
Collected articles	сборник статей
Collected documents	собрание документов; сборник документов
Collected edition	собрание сочинений (одного автора в одном или нескольких томах)
Collected works	собрание сочинений
Collection	фонд; сборник; собрание; коллекция
Collection analysis	изучение фонда
Collection arrangement	структура фонда
Collection building	организация фонда
Collection composition	состав фонда
Collection development	формирование фонда
Collection maintenance	поддержание фонда
Collection management	управление фондом
Collection of incunabula	фонд инкунабул
Collection of microcopies	фонд микрокопий
Collection of microfiches	фонд микрофиш
Collection of microfilms	фонд микрофильмов

Collection of scientific papers	сборник научных трудов
Collection of sheet music	фонд нотных изданий
Collection of translations	фонд переводов
Collection profile	профиль фонда
Collection security	охрана фонда
Collection service	служба доставки
Collective author	коллективный автор, коллектив
Collective bibliographic description	сводное библиографическое описание
Collective biography	сборник биографий
Collective card	карточка групповой обработки
Collective cataloging	групповая обработка
Collective entry	групповое описание
Collective farm library	колхозная библиотека
Collective loan	коллективный абонемент
Collective title	общее заглавие
Collective work	коллективное произведение
College library	библиотека колледжа; библиотека высшего учебного заведения
Collotype	фототипия
Colon	двоеточие
Colon Classification, CC	"Классификация двоеточием" Ш.Р. Ранганатана, КД
Colophon	колофон; послесловие (в старопечатной книге)

Англо-русский словарь

Colophon date	дата издания, указанная в колофоне
Color lithography	*полигр.* цветная литография
Color printing	*полигр.* цветная печать
Column	столбец, колонка
Column number	колонцифра
COM	*см.* Computer output microfilm
Combined number	комбинированый индекс
Combined subject heading	комбинированая предметная рубрика
Combination order	комбинационный порядок (порядок следования комбинированного индекса)
Combinative classification system	комбинационный система классификации
Combined bibliographic record	объединённая библиографическая запись
Come out	выходить в свет, появляться в печати
Comics	комикс (вид изоиздания, представляющий собой серию рисунков с единым сюжетом и кратким текстом)
Comma	запятая
Command	команда
Command language	*вчт.* командный язык
Command mode	*вчт.* командный режим
Commentary	комментарий
Commercial information	коммерческая информация
Commercial library	коммерческая библиотека

Commercial publication	фирменное издание
Common subdivisions	общие типовые деления, ОТД; общие определители
Communication	*вчт.* коммуникация (в информатике)
Communication format	*вчт.* коммуникативный формат
Community profile	состав местной читательской аудитории (учитывается при комплектовании библиотеки)
Compact disk read only memory, CD-ROM	*вчт.* компакт-диск, компакт-дисковое запоминающее устройство
Compact disk, CD	*вчт.* компакт-диск
Compact shelving	компактное хранение
Compact shelving unit	компактная система стеллажей
Compact storage	компактное хранение фонда
Comparative librarianship	сравнительное библиотековедение
Compatibility	*вчт.* совместимость
Compatible	*вчт.* совместимый
Compendium	1. компендиум, сборник; 2. сжатое суммарное изложение основных положений какой-либо науки, исследования и т.п., программа
Compilation	компиляция; компилятивный документ
Compiler	составитель
Complete (a form)	заполнять
Complete bibliography	исчерпывающий библиографический указатель
Complete collection of works	полное собрание сочинений

Англо-русский словарь

Complete edition	полное издание
Complete number	полный индекс
Complete set	полный комплект
Completely Automated Public Turing test to tell Computers and Humans Apart	*вчт.* Полностью автоматизированный открытый тест Тьюринга по распознаванию компьютеров и людей. В обиходной практике используется аббревиатура CAPTCHA и на русский язык транскрибируется как «капча». Тест представляет собой задачу, которую легко решает человек, но которую невозможно (или крайне трудно) решить компьютеру. Тест используется в информационных технологиях для предотвращения автоматических отправок сообщений, регистрации, скачивания файлов и массовых рассылок. Наиболее распространенный вариант капча – ручное копирование в текстовое окно символов, изображенных в искаженном виде на рисунке или переданных в виде звукового текста с шумовыми помехами
Complex number	составной индекс
Complex pagination	разделительная пагинация, сложная пагинация
Composite authors	авторский коллектив
Composite work	коллективное произведение
Composition	полигр. набор
Compound name	двойная фамилия, составная фамилия
Compound number	сложный индекс
Compound subject heading	сложная предметная рубика
Comprehensive acquisition	исчерпывающее комплектование

Comprehensive bibliography   Англо-русский словарь

Comprehensive bibliography	исчерпывающая библиография
Computer	*вчт.* компьютер, электронная вычислительная машина, ЭВМ
Computer breakdown	*вчт.* сбой компьютера
Computer catalog	*см.* online catalog
Computer center	*вчт.* вычислительный центр, ВЦ
Computer file	*вчт.* компьютерный файл
Computer hardware	*см.* Hardware
Computer input microfilm, CIM	*вчт.* компьютерный ввод с микрофильмов
Computer input microform	*см.* Computer input microfilm
Computer maintenance	*вчт.* техническое обслуживание компьютера
Computer Mediated Communication	*вчт.* автоматизированные средства связи
Computer memory	*вчт.* машинная память; память вычислительной машины
Computer network	*вчт.* сеть вычислительных машин, компьютерная сеть, вычислительная сеть
Computer output microfilm, COM	*вчт.* компьютерный вывод на микрофильмы, система КОМ
Computer output microform	*см.* Computer output microfilm
Computer services	*вчт.* компьютерные услуги
Computer system	*вчт.* вычислительная система, вычислительный комплекс
Computer time	*вчт.* машинное время

Англо-русский словарь — Conservation of documents

Computer translation	*см.* Machine translation
Computer virus	компьютерный вирус
Computer-based information system	*вчт.* автоматизированная информационная система, АИС
Computerization	*вчт.* компьютеризация
Computerized catalog	*вчт.* компьютерный каталог
Concordance	конкорданция, конкорданс (словник к тексту с указанием для каждого слова его местонахождения в этом тексте)
Conference	конференция, встреча
Conference proceedings	материалы конференции
Confidential documents	конфиденциальные документы, секретные документы
Confidentiality	конфиденциальность; секретность; санкционированный доступ к информации; неразглашение определённой информации за исключением лицу наделенному соответствующими правами. см. также Privacy
Conjoint author	*см.* Joint author
Connect hour charge	*вчт.* стоимость связи в час
Connotation	интенсивность (логика в классификации)
Consecutive numbering	*см.* Continuous pagination
CONSER	*см.* Cooperative Online Serials Program
Conservation of documents	консервация документов

Conservation of stock	сохранность фонда
Consolidated index	сводный указатель, объединённый указатель
Consolidated system	централизованная библиотечная система, ЦБС
Consortium (library consortium)	*лат.* консорциум (библиотечное объединение)
Constituency	читательская аудитория, клиентура
Consult	советоваться, консультироваться, справляться, наводить справку
Consultant	консультант
Consultation	консультация
Contact copying	контактное копирование
Contact printing	контактная печать
Container	контейнер, тара
Content analysis	контент-анализ
Content designator	определитель содержания
Content Management System	*вчт.* Система управления содержимым - программное обеспечение, позволяющее создавать электронные аудиовизуальные и текстовые файлы и управлять ими (например, система управления электронными документами организации или система управления содержимым веб-сайта), см. также Digital Asset Management
Content provider	*вчт.* поставщик информационных ресурсов, поставщик онлайновой информации, контент-провайдер
Contents (list)	оглавление, содержание
Contents note	примечание о содержании

Англо-русский словарь

Context	контекст
Continuation	продолжение
Continuing education	повышение квалификации
Continuing professional development, CPD	непрерывное повышение профессиональной квалификации
Continuous feed	непрерывная подача (бумажной ленты в печатную машину, принтер)
Continuous pagination	продолжающаяся пагинация, последовательная нумерация
Continuous stationery	рулонная бумага
Control copy	контрольный экземпляр
Control field	*вчт.* контрольное поле; управляющее поле (команды)
Control group	контрольная группа
Control key	*вчт.* клавиша управления (Alt, Shift, Ctrl и т.д.)
Controlled access	контролируемый доступ, ограниченный доступ
Controlled vocabulary	контролируемый словарь, словарь контролируемых терминов
Conventional title	*см.* Uniform title
Conversion	*вчт.* преобразование, перекодирование
Cookie	*вчт.* Cookie (кука, куки), строка с данными о пользователе, возвращаемая веб-сервером при регистрации пользователя
Cooperation	*см.* Library cooperation
Cooperative acquisition	координированное комплектование, согласованное комплектование
Cooperative cataloging	кооперированная каталогизация

Cooperative Online Serials Program, CONSER   **Англо-русский словарь**

Cooperative Online Serials Program, CONSER	*вчт.* совместная программа онлайновой обработки сериальных изданий (осуществляется на базе OCLC с начала 1970'х годов. Участники программы создают и ведут универсальную машиночитаемую библиографическую базу данных сериальных изданий)
Cooperative system	библиотечная сеть; группа автономных библиотек, связанная договором или контрактом в соответствии с которым работа библиотек планируются и координируются регламетнирующим ограном сети
Coordinate indexing	координатное идексирование
Coordinated cataloging	координированная каталогизация
Copier	копировальный аппарат
Copy	1. копия; экземпляр; репродукция; 2. копировать, снимать копию, воспроизводить
Copy card	апертурная карта с фотопленкой для копирования микрофильмов
Copy cataloging	каталогизация с использованием существующей библиографической записи, которая изменяется в целях достижения соответствия с документами, хранящимися в библиотеке, и правилами каталогизации библиотеки
Copy machine	*см.* Copier
Copy number	номер экземпляра (дублета)
Copy preparation	вычитка
Copy-tax	*см.* Legal deposit
Copying machine	*см.* Copier

Англо-русский словарь   Corporate body

Copying process	копирование
Copyleft	*вчт.* 1. Копилефт (дословно «Левая копия») - форма лицензирования, которая позволяет распространять бесплатно програмное обеспечение для некоммерческого использования; 2. По аналогии с copyright тип авторского права (копирайта), означающий разрешение на свободное распространение продукта для некоммерческого использования
Copyright	авторское право
Copyright date	дата регистрации авторского права
Copyright deposit	*см.* Legal deposit
Copyright depository library	*см.* Copyright library
Copyright fee	плата за использование объектов, защищенных авторским правом
Copyright law	закон об авторском праве
Copyright library	библиотека, получающая обязательный экземпляр по закону об авторском праве
Copyright notice	уведомление об авторских правах
Copywriter	составитель реклам, объявлений
Coranto	*лат.* первые печатные газеты, издаваемые в Европе в 17 веке, освещающие международные события
Cordless telephone	радиотелефон, беспроводной телефон
Core collection	ядро (библиотечного) фонда
Corporate author	*см.* Corporate body
Corporate body	коллективный автор

Corporate entry	описание под коллективным автором; библиографическая запись под наименованием коллективного автора; заголовок коллективного автора
Corporate name	наименование коллективного автора
Corrected edition	исправленное издание
Correction	корректура; правка
Correction marks	корректурные знаки
Correlation	корреляция
Correspondence	переписка, корреспонденция
Corrigenda	*см.* Errata
Corrigendum	*лат.* опечатка
Corrupt a text	искажать текст
Cost-benefit analysis	анализ затрат и результатов
Cost-effectiveness	рентабельность, экономическая эффективность
Costs	затраты (денежные), издержки, расходы
Council minutes	протокол заседания городских органов власти
Counter	прилавок; *см. также* Circulation desk
County library	*англ.* библиотека графства; *амер.* окружная библиотека
Courants	Куранты (первые рукописные газеты)
Cover	1. обложка; переплет; 2. сторонка переплета, крышка переплета
Cover date	дата издания, указанная на обложке
Cover paper	обложечная бумага
Cover title	заглавие обложки (переплета)
Cover(ing) letter	сопроводительное письмо
CPD	*см.* Continuing professional development

Англо-русский словарь

CPU	*см.* Central processing unit
Cracker	*вчт.* Отрицательный смысл: Человек, страстно увлеченный компьютерными технологиями или программированием, отличается стремлением к преодолению средств защиты компьютерных систем и получению несанкционированного доступа к кодам операционных систем и других программ для модификации программ и/или данных. Целью такого человека может быть взлом компьютерных систем, незаконное тиражирование информации или злоупотребление компьютерными ресурсами. *См. также* Black hat, Gray hat, Hacker, and White hat
Cradle books	*см.* Incunabula
Crash	*вчт.* аварийный отказ
Creative Commons	Творческая Община http://creativecommons.org/ - некоммерческая организация, выступающая за реформу авторских прав
Creator	создатель, автор
Credit	заглавные титры
Crime story/novel	детектив(ный роман)
Critical bibliography	*см.* Analytical bibliography
Critical edition	критическое издание
Critical review	*см.* Critical survey
Critical survey	критический обзор; аналитический обзор
Cross classification	перекрестная классификация, перекрестное деление
Cross-reference	*см.* Reference
Cryptography	криптография, тайнопись
Cryptonym	криптоним

Cumulative bibliography	кумулятивное библиографическое пособие; сводное библиографическое пособие
Cumulative catalog	кумулятивный каталог
Cumulative index	кумулятивный библиографический указатель
Cuneiform writing	клинопись
Curator	хранитель
Curiosa	*лат.* куриоза (издания, представляющие особый интерес ввиду необычности и оригинальности темы)
Current acquisition	текущее комплектование
Current awareness bulletin	экспресс-информация
Current awareness information	сигнальная информация
Current awareness service	текущее информирование, текущее оповещение
Current bibliography	текущая библиография; текущее библиографическое пособие
Current index	текущий библиографический указатель
Current information	текущая информация
Current issue	*см.* Current number
Current number	текущий номер
Current periodicals	текущие периодические издания
Current publications	текущая печатная продукция
Currently received	периодические издания, полученные сразу после опубликования

Англо-русский словарь　　　　　　　　　　　Cyrillic alphabet

Cursive	курсив, рукописный шрифт
Cursor	*вчт.* курсор
Custodian	хранитель
Custody	хранение; охрана (книг, документов и т.п.)
Cut	гравюра; клише
Cut line	*см.* Caption (2)
Cut-in heading	форточка, окно, окошко (подзаголовок, помещенный внутри текста на специально оставленном белом пространстве, окруженный с трех сторон текстом)
Cut-in note	внутритекстовое примечание
Cut-in side note	*см.* Cut-in note
Cutter author mark	*см.* Cutter number
Cutter Classification	*см.* Expansive Classification
Cutter number	кеттеровский авторский знак
Cutter table	авторские таблицы Кеттера
Cutting	*см.* Clipping
Cutting machine	резальная машина
Cuttings file	*см.* Clipping file
Cybernetics	кибернетика
Cyberspace	киберпространство (пространство, в котором размещены источники иформации (web страницы, e-mail), доступные пользователю через Интернет)
Cyclop(a)edia	*см.* Encyclopedia
Cyrillic alphabet	кирилица

Cyrillic alphabet

Англо-русский словарь

D

Dagger	крестик, знак сноски
Daguerreotype	дагерротип (фотоснимок с отпечатком изображения на светочувствительной пластинке йодистого серебра. Способ изобретен Луи Дагерром в 1833г.)
Daily	ежедневный; ежедневное периодическое издание
Daily (news)paper	ежедневная газета
DAM	*см.* Digital Asset Management
Damage	1. порча, повреждение (книг); 2. портить, повреждать (книги)
Damaged	повреждённый, испорченный
Damaged letter	повреждённая литера, испорченная литера, дефектная литера, сбитая литера
Dash	тире, дефис
Data	данные, информация, факты
Data acquisition	*см.* Data collection
Data analysis	анализ данных
Data bank	банк данных
Data collection	сбор данных
Data compression	сжатие данных
Data conversion	преобразование данных
Data corruption	нарушение целостности данных; искажение данных
Data element	1. *вчт.* элемент данных; 2. *см.* Element
Data entry	*вчт.* ввод данных
Data export	экспорт данных
Data field	*см.* Field

Data flow	поток данных, информационный поток
Data format	формат данных
Data handling	обработка данных
Data import	импорт данных
Data Interchange Format	*см.* DIF
Data item	*см.* Data element 1
Data presentation	представление данных
Data processing	обработка данных
Data processing center	центр обработки данных
Data protection	защита данных см. также Data security
Data retrieval	*см.* Information retrieval
Data security	защита данных; безопасность данных см. также Data protection
Data set name	*см.* File name
Data storage	*см.* Storage 2
Data structure	структура данных
Data transfer	передача данных, пересылка данных (перемещение данных из одного места в другое, например из ОЗУ в файл на диске)
Data transfer rate	скорость передачи данных
Data transmission	передача данных, пересылка данных (перемещение данных в цифровом виде между двумя электронными устройствами по каналу связи)
Data validation	проверка достоверности/ корректности данных
Databank	*см.* Data bank
Database	база данных, БД

Англо-русский словарь

Database maintenance	ведение/сопровождение/обслуживание базы данных
Database Management System, DBMS	система управления базами данных, СУБД
Date due	дата/срок возврата (материалов, взятых по абонементу)
Date due card	листок сроков возврата (материалов, взятых по абонементу)
Date due slip	*см.* Date due card
DBMS	*см.* Database Management System
DDC	*см.* Dewey Decimal Classification
Deacidification	нейтрализация кислотности, раскисление
Dealer	торговец, дилер
Debug	*вчт.* отлаживать, исправлять ошибки/неполадки (в программе)
Debugging	*вчт.* отладка (программы), устранение неполадок, устранение неисправностей
Decimal classification	десятичная классификация
Decimal notation	десятичная индексация, десятичная нотация
Decision making	принятие решений
Decision table	таблица решений
Decision tree	дерево решений
Deck	этаж книгохранилища, ярус
Deckle edge	неровный край (бумаги)
Declassify	рассекречивать (материалы, документы)
Decode	декодировать, расшифровывать
Decoder	декодер, дешифратор, декодирующее устройство

Decorated cover	декорированная/украшенная/орнаментированная крышка переплета, декорированная/украшенная/орнаментированная обложка
Decryption	расшифровка, декодирование, дешифрование
Dedicated computer	*вчт.* специализированный компьютер (предназначенный для выполнения одной функции или работы с одной программой)
Dedication	посвящение
Dedication copy	книга с авторской дарственной надписью, адресованной лицу, которому эта книга посвящена
Deep web	*см.* Invisible web
Defaulter	*см.* Delinquent borrower
Deferred cataloging	*см.* Temporary cataloging
Deletion mark	знак выкидки
Delimiter	разделитель, разделитель подполей
Delinquent borrower	читатель, нарушающий правила библиотеки (не возвращающий документы, взятые по абонементу; не платящий штраф)
Deluxe binding	роскошный переплет, переплет "люкс"
Deluxe edition	*см.* Edition deluxe
Department	1. отдел, отделение, сектор; 2. факультет; 3. министерство
Departmental library	факультетская библиотека; библиотека кафедры
Dependent variable	зависимая переменная
Deposit copy	обязательный бесплатный экземпляр (подлежащий передаче организациям в соответствии с законом об авторском праве)

Англо-русский словарь

Deposit library	библиотека, получающая обязательный экземпляр
Depository library	*амер.* библиотека, бесплатно получающая правительственные документы
Depth indexing	глубокое индексирование
Depth of indexing	глубина индексирования; полнота индексирования; глубина предметизации
Deputy librarian	заместитель директора библиотеки
Derived cataloging	*см.* Copy cataloging
Descriptive cataloging	описательная каталогизация
Descriptor	дескриптор
Deselection	*см.* Weeding
Desensitizer	Деактиватор - прибор для деактивации немагнитных носителей информации. *См. также* Resensitizer
Desiderata	картотека дезидерат
Desideratum	дезидерата
Desktop computer	*см.* Personal computer
Desktop publishing, DTP	настольная издательская система, настольная редакционно-издательская система
Detective story or fiction	детектив
Deviation	отклонение
Device	1. устройство, аппарат, прибор, механизм 2. *см.* Printer's mark, Publisher's mark
Dewey Decimal Classification, DDC	Десятичная классификация Дьюи, ДК Дьюи
Diacritic	*см.* Diacritical
Diacritical (mark)	диакритический знак
Diagram	диаграмма, график, схема

Dial-up connection	*вчт.* (коммутируемое) соединение по телефонной линии (подключение к сети с помощью модема по телефонной линии связи)
Dialog box	*вчт.* диалоговое окно (в графическом интерфейсе)
Diary	дневник
Dictionary	1. словарь; 2. *см.* Thesaurus
Dictionary catalog	словарный каталог
DIF, Data Interchange Format	формат обмена данными
Digerati	*вчт.* Дигерати (элита компьютерной индустрии и интернет-сообществ)
Digital Asset Management	*вчт.* Управление цифровыми активами: процесс аккумулирования, аннотирования, каталогизации, хранения и извлечения информации в корпоративной информационной системе с применением специального программного обеспечения
Digital depository	*вчт.* Электронный депозитарий, электронное хранилище. см. также Institutional repository
Digital library	*вчт.* цифровая библиотека (управляемая электронная коллекция информации в цифровом формате). *См. также* Electronic library; Virtual library

Digital preservation	*вчт.* Электронная сохранность - термин включает правила, методику и стратегию поддержания надежного доступа к электронному (в том числе оцифрованному) контенту при условии возможных технологических сбоев и изменений. Цель электронной сохранности – надежность доступа к аутентичному контенту в течение долгого времени
Digital Rights Management	*вчт.* Управление электронными правами - информационная технология, обеспечивающая защиту авторских прав на цифровой продукт
Digital Versatile Disc	*вчт.* Цифровой многоцелевой диск - носитель информации для хранения больших объемов аудио, видео и других данных
Diorama	диорама
Direct access	прямой доступ
Disabled	физически или умственно неполноценный
Discard	1. исключать документы (изымать из фонда и снимать с учета документы); 2. исключенный документ
Disinfection	дезинфекция (фонда)
Disinfestation	дезинсекция (фонда)
Disk	*вчт.* 1. диск; магнитный диск; 2. дисковое запоминающее устройство
Disk drive	*вчт.* дисковод
Disk Operating System, DOS	*вчт.* дисковая операционная система, ДОС
Diskette	*см.* Floppy disk
Display	1. выставлять (журналы); 2. *вчт.* дисплей (компьютера)

Display case	выставочная витрина с открытым доступом, не застекленная; выставочный стенд
Display rack	*см.* Rack
Dissemination of information	*см.* Information dissemination
Dissertation	диссертация
Distance education	*см.* Distance learning
Distance learning	дистанционное обучение
Distinctive title	характерное заглавие, тематическое заглавие
Distributed database	*вчт.* распределённая база данных
Distributed processing	*вчт.* распределённая обработка данных
Distribution	*стат.* распределение
Distributor	распространитель, агент по продаже, дистрибьютор
Ditto	тот же; то же
Divided catalog	разделенный каталог (карточный каталог разъединенный, например, на авторский, предметный и т.п., которые выделены из единого словарного)
Division	1. *см.* Department 1; 2. деление (вид систематизирования, разбиение систематизируемых объектов, понятий); 3. подкласс, подотдел, подраздел (второй уровень деления классификации)
Divisional title	1. шмуцтитул (отдельный лист, предваряющий часть, главу издания и содержащий название этой части или главы, эпиграф и т.д.); 2. заголовок (главы, части, раздела и т.п.)

Doctoral dissertation	докторская диссертация
Document	1. документ; 2. *см.* Government publication; 3. документировать
Document address	адрес документа (условное обозначение местонахождения документа в хранилище)
Document delivery	доставка документов, доставка литературы; доставка копий документов
Document delivery format	Формат доставки документа (в библиотечной службе обычно печатный или цифровой)
Document retrieval	документальный поиск
Document retrieval system	документальная информационно-поисковая система
Document storage	см. Storage 1
Documentalist	документалист
Documentary film	документальный фильм
Documentary information	документальная информация
Documentation	1. документалистика; 2. документация
Documents librarian	библиотекарь отдела правительственных документов
Dog-eared	(книга и т.п.) с загнутыми углами страниц
Donate	дарить, жертвовать
Donation	дар, пожертвование, безвозмездная передача (документов)
Dork	*вчт.* Дорк; на компьютерном слэнге человек, несведущий в информационных технологиях и не имеющий социальных навыков общения. *См. также* Geek and Nerd

Dormitory library	библиотека при общежитии учебного заведения
DOS	*см.* Disk Operating System
Dot	1. точка; 2. обозначать точкой
Dot-etching	ретушь, ретуширование
Double entry	*см.* Duplicate entry
Double issue	сдвоенный выпуск
Double numeration	индексационная нумерация
Double title page	разворотный титульный лист (разновидность двойного титульного листа)
Double-spread	разворот (две смежные страницы раскрытого издания (слева четная, справа нечетная), на которых элементы издания помещены как на одной широкой странице, например, распашная таблица, иллюстрация)
Double-spread title page	распашной титульный лист (разновидность двойного титульного листа)
Doubtful authorship	сомнительное авторство
Download	*вчт.* загружать (по каналу связи)
Downloading	*вчт.* загрузка данных
Draft	1. черновик; 2. делать черновой набросок
Dramatic work	драматическое произведение
Drawing	чертеж, рисунок, эскиз, план
DRM	*см.* Digital Rights Management
Dry process	сухой способ (например, фотокопирования)
DTP	*см.* Desktop publishing

Англо-русский словарь

Dublin Core, Dublin Core Metadata Initiative	Дублинское ядро
Due date	*см.* Date due
Dummy	1. книжный заместитель; 2. макет издания; объёмный макет; издательский рекламный макет
Dummy volume	*см.* Dummy 2
Dump	*вчт.* дамп, разгрузка (памяти)
Duplex	1. дуплексный режим, двусторонний режим; дуплекс; 2. дуплексный, двусторонний
Duplicate	1. излишне дублетный экземпляр; 2. копия документа; дубликат; 3. размножать (документы), снимать копию
Duplicate entry	дублирующая запись (библиографическая запись в систематическом или предметном каталоге, повторяющая основную запись, но даваемая в другом разделе или рубрике)
Duplicate title	титульный лист оригинала, воспроизведённый при перепечатке издания
Duplicator	копировальный аппарат, копировально-множительный аппарат; ротатор
Durability (of paper)	прочность (бумаги)
Durable paper	*см.* Permanent paper
Dust cover	*см.* Book jacket
Dust jacket	*см.* Book jacket
Dust wrapper	*см.* Book jacket
Dusting	полигр. запудривание, припудривание
DVD	*см.* Digital Versatile Disc

Dwarf book

Dwarf book *см.* Bibelot

E

E-book	*вчт.* электронная книга
E-book reader	*вчт.* электронная книга (устройство), портативное устройство для чтения электронных книг
E-journal	*вчт.* электронный журнал
E-mail	*вчт.* 1. электронная почта; 2. электронное письмо
E-resource licensing	*вчт.* Лицензирование электронного ресурса
Early printed book	старопечатная книга, первопечатная книга
Edge-notched card	перфокарта с краевой перфорацией, карта с внешней перфорацией
Edges	обрез (книги)
Edit	1. редактировать, готовить к печати; 2. монтировать (кинофильм)
Editing	1. редактирование; 2. монтаж
Edition	1. издание (напр., второе, исправленное); 2. тираж (издания); 3. выпуск (газеты)
Edition area	область издания
Edition binding	издательский переплет
Edition deluxe	*фр.* роскошное издание, издание люкс
Edition statement	сведения об издании
Editor	1. редактор; 2. *вчт.* редактор, программа редактирования
Editor-in-chief	главный редактор
Editorial	1. редакторский, редакционный; 2. редакционная статья
Editorial board	редакционная коллегия; редколлегия; редакционный совет

Editorial copy	*см.* Review copy
Editorial office	редакция (помещение)
Education	образование; обучение
Educational film	учебный фильм
EFF	*см.* Electronic Frontier Foundation
Effectiveness	эффективность
Efficiency	производительность (труда); эффективность
Electronic book	*см.* E-book
Electronic data processing	*см.* Data processing
Electronic document	*вчт.* электронный документ, машиночитаемый документ
Electronic document delivery	*вчт.* электронная доставка документов
Electronic format	*вчт.* электронный формат; машиночитаемый формат
Electronic Frontier Foundation	*вчт.* Фонд Электронных Рубежей http://www.eff.org/ - международная правозащитная организация в области информационных технологий
Electronic journal	*см.* E-journal
Electronic library	1. *вчт.* электронная библиотека (управляемая коллекция информации в различных электронных форматах (цифровых, аналоговых)); 2. *см.* Digital library см. также Virtual library
Electronic mail	*см.* E-mail
Electronic media	*вчт.* электронные носители информации
Electronic publication	*вчт.* электронное издание
Electronic publishing	*вчт.* публикация и распространение документов в электронном формате

Англо-русский словарь

Electronic resource	*вчт.* электронный ресурс
Electronic Resource Management	*вчт.* Управление электронными ресурсами
Electrotype	гальванопластика
Element	элемент библиографического описания
Elementary school library	библиотека начальной школы
Elevator	1. лифт; 2. грузоподъёмник
Embossed book	книга с выпуклым (рельефным) шрифтом
Embossing	рельефное конгревное тиснение
Embroidered binding	переплёт, покрытый вышитой тканью
Enameled paper	глянцевая мелованная бумага; *см. также* Coated paper
Encapsulation	инкапсулирование (документа)
Enchiridion	краткое руководство
Enclose in brackets	заключать в скобки
Encoding	*вчт.* кодирование, кодировка
Encryption	шифрование
Encyclop(a)edia	энциклопедия
End user	конечный пользователь
End user training	обучение конечных пользователей
Endnote	выноска (помещённая в конце книги)
Endpaper	форзац
Engineering library	техническая библиотека
Engrave	1. гравировать; 2. резать (по камню, дереву, металлу); 3. изготавливать клише

Engraving	1. гравюра; 2. гравирование; 3. резьба; 4. изготовление клише
Enlarged edition	дополненное издание, расширенное издание; *см. также* Revised edition
Enquiry	*см.* Inquiry
Enroll	вносить в список, регистрировать
Enrollment	внесение в списки, регистрация, зачисление, прием
Enterprise library	производственная библиотека
Entitle	называть, озаглавливать
Entrance	вход (в здание)
Entry	1. каталогизационная запись; 2. поисковый элемент, поисковый признак; 3. статья (в энциклопедии, справочнике и т.п.)
Entry word	порядковое слово (первое слово заголовка библиографической записи), расстановочное слово
Enumerate	1. перечислять; 2. пересчитывать
Enumerative bibliography	регистрационное библиографическое пособие
Enumerative classification	перечислительная система классификации, перечислительная классификационная система
Envelope	конверт
Ephemera	печатные материалы кратковременного значения
Epic	1. эпический; 2. эпическая поэма; 3. эпопея
Epidiascope	эпидиаскоп
Epigraph	эпиграф
Epilogue (Epilog)	эпилог
Epistolary	эпистолярный
Epitome	конспект, сокращенное изложение

Англо-русский словарь

Eponym	эпоним
Equipment	оборудование, оснащение
Erotica	эротическая литература, эротика
Errata	*лат.* список опечаток
Erratum	*лат.* опечатка
Erudition	эрудиция, начитанность
Escapist literature	развлекательная литература; книги для развлекательного чтения
Et al.	*сокр. от лат.* et alii/et alia и другие
Etc.	*сокр. от лат.* et cetera и т. д., и т. п. (и так далее; и тому подобное)
Etch	1. травление; 2. гравировать, травить (поверхность твёрдых материалов); 3. травящий раствор
Etching	1. гравирование (травлением); травление; 2. гравюра, офорт
Etymological dictionary	этимологический словарь
Evaluate	оценивать
Evaluation	оценка
Even-numbered page	четная страница
Ex libris	экслибрис, книжный знак
Excerpt	1. выдержка, извлечение, отрывок; 2. выбирать отрывок
Exchange	1. книгообмен, документообмен, обмен документами; 2. документы, полученные по книгообмену; 3. обменивать
Exchange format	*см.* Communication format
Exhausted edition	*см.* Out of print edition

Exhibit	1. экспонат; 2. выставка; 3. выставлять, экспонировать на выставке; 4. выставочный стенд
Exhibition	выставка; *см также* Exhibit
Exhibition catalog	каталог выставки
Exhibition hall	выставочный зал
Expanded edition	*см.* Enlarged edition см. также Revised edition
"Expansive Classification" by C.A. Cutter	"растяжимая классификация" Ч.Э. Кеттера
Expenditure	1. расходование; 2. расходы, издержки
Expert	эксперт
Expert system	экспертная система (прикладная система искусственного интеллекта, использующая базу знаний и правил для решения задач и выдачи рекомендаций в определенной предметной области); система, основанная на использовании знаний, система с базой знаний
Expiration	истечение, окончание срока
Expire	закончиться, истечь (о сроке)
Explanation	объяснение, пояснение, толкование
Expurgated edition	издание с пропущенными предосудительными местами (по моральным или другим причинам)
Extensible Markup Language	*вчт.* Расширяемый язык разметки - язык позволяющий включать в веб-страницы данные из независимых источников
Extensible Stylesheet Language	*вчт.* Язык XSL, расширяемый язык таблиц стилей

Extension	1. объём понятия; 2. распространение на последующие индексы (УДК), соединение индексов косой чертой; 3. *вчт.* расширение (файла)
Extension courses	курсы дополнительного образования
Extension service	1. внестационарное обслуживание; 2. культурно-просветительная деятельность (библиотеки)
Extension work	*см.* Extension service
Extensions and corrections to the UDC	Дополнения и исправления к УДК
Extra binding	высококачественный ручной переплет; роскошный переплет (декорированный переплет из высококачественных материалов, иногда с позолоченными углами и декорированным форзацем)
Extra-illustrated (book)	книга с вплетенными в нее после приобретения иллюстрациями, гравюрами, вырезками, рукописными материалами и другими документами
Extract	1. извлечение, выдержка; избранный отрывок; 2. извлекать, выбирать (цитаты), делать выдержки
Extraction indexing	*см.* Derived indexing

Extraction indexing   **Англо-русский словарь**

F

Fable	басня
Fabulist	баснописец
Face-to-face	лицом к лицу
Facet	фасет
Facet analysis	фасетный анализ
Facet formula	фасетная формула
Faceted classification	фасетная классификация
Facility	1. средства обслуживания; 2. *амер.* здание и оборудование (напр., библиотечное)
Facsimile	факсимиле
Facsimile edition	факсимильное издание
Facsimile transmission	факсимильная передача
Fact finding	разыскание фактических сведений
Fact-type question	фактографический запрос
Faculty	1. факультет; 2. *амер.* профессорско-преподавательский состав
Faculty library	*см.* Departmental library
Fair copy	чистовой экземпляр рукописи, чистовик
Fairy tale	сказка
Fairy-tale book	книга сказок
Family name	фамилия
Fantasy	фантастика
FAQ	*см.* Frequently asked questions
Fax	1. *разг.* факс; 2. *разг.* передавать по факсу; 3. *см.* Facsimile transmission

Feather edge	см. Deckle edge
Feature	1. признак; 2. тематическая статья (в газете или журнале); 3. основной фильм кинопрограммы
Feature card	унитерм-карта; аспектная карта; суперпозиционная перфокарта, просветная перфокарта
Feature film	художественный (кино)фильм
Federal library	федеральная библиотека
Fee	плата (напр., за библиотечные услуги)
Fee-based service	платная (библиотечная) услуга
Feedback	обратная связь
Fellowship	стипендия (на проведение научно-исследовательских работ)
Festschrift	*нем.* 1. юбилейный сборник (статей); 2. мемориальный сборник, мемориальное издание
Fiche	*см.* Microfiche
Fiction	художественная литература; беллетристика
Fiction title file	картотека заглавий (произведений) художественной литературы
Field	*вчт.* поле (данных)
Field practice	*см.* Internship
Fieldwork, Field work	1. *см.* Internship; 2. полевые методы исследования
File	1. картотека; 2. *вчт.* файл; 3. дело, досье; 4. подшивка (газет); 5. включать, расставлять (карточки, документы); 6. регистрировать и хранить (документы) в определённом порядке
File maintenance	*вчт.* ведение файла
File name	*вчт.* имя файла

Англо-русский словарь Final volume

File Transfer Protocol	*см.* FTP
Filing	расстановка, включение (напр., карточек, документов (некнижных материалов) в дело)
Filing box	ящик для хранения документов, дел
Filing cabinet	шкаф для хранения документов, дел
Filing case	ящик для карточек, картотечный ящик
Filing code	инструкция по расстановке карточек в каталоге или в картотеке; в делопроизводстве: инструкция по расстановке документов
Filing order	порядок расстановки (*напр.*, карточек, документов)
Filing rules	правила расстановки библиографических записей в каталоге или картотеке
Filing word	*см.* Entry word
Fill	1. выполнять, исполнять (*напр.*, заказ на книги); 2. занимать должность
Fill in	*см.* Fill out
Fill out	заполнять (бланк, анкету и т.п.)
Film	1. пленка, фотопленка, кинопленка, фильм; 2. фильм, кинофильм; 3. снимать фильм
Film clip	киноролик, киноклип
Film library	фильмотека, кинотека
Film projector	кинопроектор, кинопроекционный аппарат
Film reel	катушка для киноплёнок и фильмов
Film script	киносценарий
Filmstrip	диафильм
Final chapter	заключительная глава
Final volume	последний, завершающий том

Finding aids	пособия и средства, помогающие изысканию документов (библиографические пособия, каталоги и т.п.)
Finding list	указатель книг, хранящихся в фонде библиотеки, каждая запись которого, как правило, содержит заглавие, имя автора и шифр хранения
Fine	1. штраф, пеня; 2. штрафовать
Fine arts	изящные искусства
Fine edition	*см.* Edition deluxe
Fine paper copy	экземпляр, выпущенный на высококачественной бумаге (в отличие от остального тиража)
Fine print	1. мелкий шрифт; 2. высококачественное издание (опубликованное в соответствии с высшими стандартами)
Firewall	*вчт.* брандмауэр, защитная система, сетевой заслон
First edition	первое издание
First impression	первый тираж
First name	имя (первое из имен, данных человеку)
First printing	*см.* First impression
First proof	*полигр.* первая корректура
First pull	первый пробный оттиск
First separate edition	первое отдельное издание
First word entry	библиографическая запись под первым словом заглавия
Fixed field	фиксированное поле
Fixed location	крепостная расстановка фонда
Fixed price	твердая цена

Англо-русский словарь **Folding book**

Fixed shelf	неподвижная полка
Flag	1. *вчт.* флаг, флажок; 2. полоска бумаги, вставляемая в книгу с целью индикации ее статуса или других признаков; 3. заглавие газеты, помещённое на ее первой странице в ширину газетной полосы
Fleuron	*фр.* растительный орнамент
Flexible	гибкий; гнущийся
Flexible binding	гибкий переплет
Flextime	гибкий график работы, скользящий график работы
Floatbook	*см.* Floating book
Floating book	дословно «Плавающая книга» - книга, внефондовое издание, не прикрепленное к какому-либо фонду внутри одной системы библиотек. Обычно это литература легкого жанра в мягкой обложке, памфлеты, брошюры
Floor plan	план этажа
Floppy disk	*вчт.* гибкий (магнитный) диск, дискета, флоппи-диск
Flower	*см.* Fleuron
Fluff	бумажная пыль
Fly-sheet	листовка
Flyleaf	чистый лист в начале или в конце книги, следующий за форзацем
Foil	фольга
Folded book	книжка-гармошка, книга-гармошка
Folder	1. несшитая брошюра; 2. скоросшиватель; папка; 3. *вчт.* папка, директория
Folding	фальцовка, складывание
Folding book	*см.* Folded book

Folding machine	фальцевальная машина, редко употребляющаяся библиографическая технология, описывающая структуру книг
Foliage	растительный (лиственный) орнамент
Foliate	нумеровать (двухстраничные) листы (а не страницы)
Foliation	фолиация, нумерация (двухстраничных) листов
Folio	1. фолиант, ин-фолио (формат книги в ½ листа); 2. книга высотой около 30 см; 3. фолио (лист бумаги, на котором номер проставлен только на правой стороне); 4. номер листа (проставленный на его правой стороне)
Folk	1. народный; 2. народ
Folk music	народная музыка
Folk song	народная песня
Folklore	1. фольклор; 2. фольклористика
Folklorist	фольклорист
Folksonomies	*см.* Folksonomy
Folksonomy	*вчт.* Фолксоно́мия - народная классификация, практика совместной категоризации информации (ссылок, фото, видео клипов и т.п.) в социальных сетях посредством произвольно выбираемых меток, называемых тэгами
Folktale	народная сказка
Follow copy	набрать по оригиналу, "придерживаться оригинала" (надпись для наборщика)
Font	1. комплект шрифта, шрифт; 2. *вчт.* шрифт
Foolscap	формат печатной и писчей бумаги 13 ½ дюймов x 17 дюймов (343 x 432 мм)

Англо-русский словарь

Foot	1. нижнее поле (страницы), "хвост" ; 2. нижний обрез (книги)
Footnote	1. сноска, подстрочное примечание; 2. давать подстрочное примечание, сноску
For administrative use only	для служебного пользования
For internal distribution	для внутреннего распространения
For press	для представителей средств массовой информации (СМИ)
For private circulation	для распространения среди ограниченного круга лиц
For reference only	1. для пользования на месте (в библиотеке); 2. только для справок
For review	для рецензии; для отзыва
For sale	для продажи
Forbidden book	запрещённая книга
Fore-edge	передний обрез (книги)
Foreign book	иностранная книга
Foreign language materials	материалы на иностранных языках
Foreign periodical	зарубежное периодическое издание
Foreign subscriber	зарубежный подписчик
Forel	1. толстый переплётный пергамент плохого качества; 2. футляр для хранения рукописи, книги
Forename	*см.* Given name
Foretitle	авантитул, фортитул
Foreword	вступительная статья, вводная статья; предисловие, написанное неавтором книги

Form	1. бланк, анкета; 2. форма документа; 3. форма художественного произведения; 4. печатная форма
Form class	раздел классификации, в котором произведения объединены по признаку формы издания
Form entry	1. библиографическая запись под заголовком формы; 2. заголовок формы
Form heading	заголовок формы
Form subject heading	*см.* Form heading
Format	1. оформление издания; 2. формат (издания); 3. *вчт.* формат; 4. *вчт.* форматировать
Forme	*см.* Form 4
Forrel	*см.* Forel
Forril	*см.* Forel
Forthcoming	скоро выходящий/ая/ее в свет
Fortnightly	*см.* Biweekly
Forty-two line Bible	42-строчная Библия; *см. также* Gutenberg Bible
Forum	1. форум; свободная дискуссия; 2. зал для диспутов, митингов
Forward	пересылать, посылать
Forwarding	1. *полигр.* обработка книжного блока; 2. пересылка
Foul copy	копия с большим количеством ошибок
Foul proof	грязная корректура с большим количеством исправлений
Foundation	1. фонд (*напр.*, благотворительный); 2. учреждение, существующее за счет пожертвований; 3. основание
Founder	учредитель, основатель

Англо-русский словарь

Founding date	дата основания
Fount	*см.* Font
Fragment	фрагмент, отрывок
Frame	1. рамка (переплётный узор); 2. рама, остов; 3. кадр (фотоплёнки); 4. наборный стол, наборная касса; 5. обрамлять
Free (of charge)	бесплатный
Free copy	бесплатный экземпляр
Free delivery	бесплатная доставка
Free deposit of books	система бесплатного обязательного экземпляра
Free library service	бесплатное библиотечное обслуживание, бесплатная библиотечная услуга
Free translation	вольный перевод; *см. также* Literal translation
Free use	бесплатное пользование
Free-standing shelving	*см.* Free-standing stacks
Free-standing stacks	устойчивые стеллажи, не нуждающиеся в дополнительном закреплении к потолку или полу
Free-text searching	поиск на естественном языке
Freeze drying	лиофилизация, сублимационная сушка (вакуумная сушка вымораживанием, которая применяется при реставрации книг, пропитанных водой)
Frequency dictionary	частотный словарь
Frequency of publication	периодичность издания
Frequently Asked Questions	часто задаваемые вопросы (ЧаВО)

Fresh issue	новое издание; новый выпуск
Front	1. лицевая сторона; передняя сторона; 2. *см.* Frontispiece
Front cover	*см.* Upper cover
Front edge	*см.* Fore-edge
Front matter	сборный лист (первые страницы издания, включающие титул, оглавление, предисловие, введение и другие материалы, предшествующие основному тексту)
Front page	первая полоса газеты, первая страница газеты
Frontis	*см.* Frontispiece
Frontispiece	фронтиспис
FTP, File Transfer Protocol	*вчт.* протокол передачи файлов, протокол FTP
Fugitive material	печатные материалы кратковременного значения; *см. также* Ephemera
Full bibliographic description	полное библиографическое описание; *см. также* Third level of description
Full binding	цельный переплет; в большинстве случаев, цельнокожаный переплет
Full cataloging	полная каталогизация (с полным библиографическим описанием документов)
Full entry	библиографическая запись с полным библиографическим описанием
Full point	*см.* Full stop
Full stop	точка
Full timer	*см.* Full-time employee
Full title	*см.* Main title
Full-text database	*вчт.* полнотекстовая база данных

Full-text searching	полнотекстовый поиск
Full-time employee	сотрудник, работающий на полную ставку
Fully qualified librarian	квалифицированный библиотекарь
Function	1. функция; 2. функционировать, действовать
Function key	*вчт.* функциональная клавиша (*напр.*, F1, F2 и т.п.)
Fundamental categories	(в классификации) всеобщие категории: а) индивидуальность, материя, энергия, пространство и время или б) индивидуальность, сущность, часть, операция, действие, качество, пространство и время
Funding	финансирование
Funding agency	спонсор; финансирующая организация
Funding body	*см.* Funding agency
Funding source	источник финансирования
Furnish	*полигр.* состав (бумаги)
Furniture	1. *полигр.* марзан (крупный пробельный материал); 2. мебель
Further education	*см.* Continuing education

Further education

Англо-русский словарь

G

Gadget	*вчт.* Гаджет - техническая новинка
Galley	полигр. гранка
Galvanoplastics	гальванопластика
Gap	лакуна, пробел (в составе фонда)
Gateway	*вчт.* 1. межсетевой интерфейс; 2. шлюз
Gathering	1. полигр. комплектовка книжного блока; 2. *см.* Collocation
Gazette	1. газета; 2. официальная правительственная газета, университетская газета
Gazetteer	географический справочник (алфавитный указатель географических названий с информацией о широте и долготе)
Geek	*вчт.* Гик (дословно «фанат») – человек, одержимый технологиями и владеющий навыками социального общения. см. также Dork and Nerd
Gelatin print	*см.* Collotype
Genealogical table	генеалогическая таблица; *см. также* Genealogical tree
Genealogical tree	генеалогическое древо; *см. также* Genealogical table
General catalog	*см.* Central catalog
General classification	универсальная классификация
General cross reference	*см.* General reference
General encyclop(a)edia	универсальная энциклопедия

General material designation (GMD)　　Англо-русский словарь

General material designation (GMD)	общее обозначение материала (в каталогизации: класс материала, к которому принадлежит документ, *напр.*, звукозапись)
General reference	ссылка "см. также"
Generalia	общий класс (отдел) системы классификации
Generalities	*см.* Generalia
Generation	поколение (одна из стадий развития системы, *напр.*, ЭВМ)
Generic relationship	родовидовые отношения
Genre	жанр
Geographic heading	географическая предметная рубрика
Geographic subdivision	географическое деление объема понятия
Geographic(al) Information System	*см.* GIS
Geographical arrangement	географическая расстановка (фонда)
Geographical catalog	географический каталог
Geographical filing method	*см.* Geographical arrangement
Geographical index	географический указатель
GIF (Graphics Interchange Format)	*вчт.* формат обмена графическими данными, формат GIF
Gift	дар, подарок, безвозмездная передача документов; *см также* Donation

Gilt edge	*полигр.* золочёный обрез, позолоченный обрез (книги)
GIS	географическая информационная система, ГИС
Given name	имя (в отличие от фамилии), личное имя
Global Positioning System	Система спутниковой навигации
Gloss	1. глосса; пояснение, комментарий к тексту, помещенный на полях или между строк; 2. глянец (на бумаге); 3. снабжать (текст) комментарием, глоссой; 4. лощить, глянцевать (бумагу)
Glossary	1. терминологический словарь; 2. глоссарий; словарь терминов и их определений к какому-либо тексту
Glossy cover	глянцевая обложка
Glue	1. клей; 2. клеить, приклеивать
GMD	*см.* General material designation
Goatskin	козлиная кожа (кожа, выделываемая из шкур коз и используемая для книжных переплетов)
Googleverse	*вчт.* Гугл-вселенная; сфера информационно-поисковой системы Google
Googling	*сленг.* гуглить, погуглить — использовать поисковую систему google, для поиска информации в Интернете
Gothic script	готический (рукописный) шрифт
Gothic type	готический шрифт
Government document	*см.* Government publication
Government library	правительственная библиотека

Government publication	правительственное издание; правительственный документ
GPS	*см.* Global Positioning System
Grangerized (book)	*см.* Extra-illustrated (book)
Grant	1. грант, дотация, субсидия; 2. давать дотацию, субсидию; даровать
Graph	1. график, диаграмма; 2. изображать в виде диаграммы, графика; 3. наносить (данные) на график
Graph paper	миллиметровая бумага, миллиметровка
Graphic arts	графика (вид изобразительного искусства)
Graphic designer	художник-оформитель
Graphic document	графический документ
Graphic materials	графические материалы (включают изоиздания и документы, предназначенные для просматривания на просвет или проецирования на экран, например, слайды, диафильмы, рентгенограммы)
Graphical information	графическая информация
Graphical User Interface	*см.* GUI
Graphics	графика (произведения искусства)
Graver	1. гравёр; 2. резец, штихель
Gravure	*фр.* гравюра, эстамп

Gray hat	*вчт.* Серые шляпы. Слэнговый термин обозначающий взломщиков компьютерных серверов, делающих это ради забавы. Они не наносят вреда взломанным серверам и, как правило, извещают администраторов сетей об обнаруженных уязвимостях. *См. также* Black hat, Cracker, Hacker, and White hat
Gray literature	«серая» литература (неопубликованные документы, *напр.*, отчеты о НИОКР, диссертации, материалы конференций, ведомственные публикации, отсутствующие в продаже по коммерческим каналам)
Greek script	греческий (рукописный) шрифт
Greek type	греческий шрифт
Grey literature	*см.* Gray literature
Grievance	трудовой спор/конфликт, учебный спор/конфликт, жалоба
Growth in stock	рост фонда; прирост фонда
Guard	*полигр.* 1. стержень, фальчик (полоска бумаги или материи для закрепления вклеек); 2. полоска (прокладка), вплетаемая в корешок в местах утолщений; 3. полоска (прокладка) для укрепления тетрадей книжного блока; 4. контролёр при выходе из библиотеки, охрана
GUI	графический интерфейс пользователя, ГИП
Guide	путеводитель
Guide card	каталожный разделитель
Guide slip	*см.* Process slip
Guidebook	путеводитель
Gutenberg Bible	Библия Гутенберга; *см. также* Forty-two line Bible

Gutenberg Bible **Англо-русский словарь**

H

Hachure	штрих (*напр.*, на карте)
Hacker	*вчт.* хакер 1. Положительный смысл: Программист высокого уровня, иногда не отличающийся элегантностью решений. В некоторых случаях – компьютерный гуру или корифей. 2. Отрицательный смысл: Человек, занимающийся взломом компьютерных сетей и похищением или намеренной порчей информации с преступными или иными целями. Такого человека можно рассматривать как киберпанка. *См. также* Black hat, Cracker, Gray hat, and White hat
Half cloth	полутканевый переплёт (составной переплёт с тканевыми углами и корешком и переплётными крышками, как правило, из бумаги); переплёт с тканевым корешком
Half-binding	*полигр.* составной переплет (с корешком и углами из одного материала, как правило кожи, и переплётными крышками из другого)
Half-monthly	*см.* Biweekly
Half-title	шмуцтитул (отдельный лист, помещаемый перед титульным листом. На его нечётной стороне, как правило, помещают заглавие произведения, серии, номер тома; на чётной стороне может быть расположен список произведений авторов; книг, опубликованных издательством); добавочный титул
Half-yearly	*см.* Biannual
Handbook	справочник; руководство
Handicapped	*см.* Disabled

Handwriting	1. почерк; 2. рукописный текст
Handwritten catalog	рукописный каталог
Hard copy	*вчт.* твёрдая копия (информация, закреплённая на неэлектронном носителе, удобном для восприятия человеком); распечатка; машинописная копия
Hard disk	*вчт.* жёсткий диск
Hardback (book)	*см.* Hardcover
Hardcover	книга в жёстком переплёте
Hardcover book	*см.* Hardcover
Hardware	1. *вчт.* аппаратные средства ЭВМ (электронной вычислительной машины); аппаратура; 2. технические средства; 3. оборудование
HCI	1. *см.* Human-Computer Interaction; 2. *см.* Human-Computer Interface
Head	1. директор, заведующий/ая, руководитель; 2. заглавие, заголовок (в книге); рубрика; 3. верхняя часть (чего-либо); 4. верхнее поле (страницы); 5. верхний обрез книги, головка книги; 6. главный; 7. возглавлять, руководить
Head librarian	директор библиотеки или сети библиотек; заведующий/ая библиотекой
Head margin	верхнее поле страницы
Head of department	заведующий отделом; заведующий сектором
Heading	1. заголовок библиографической записи; 2. заголовок; рубрика
Headline	1. колонтитул; 2. заголовок передовицы, заголовок передовой статьи
Headphone	наушники

Headpiece	заставка (в начале главы книги)
Headset	*см.* Headphone
Health science library	*см.* Medical library
Heavily used materials	часто спрашиваемые документы; материалы активного спроса; активная часть фонда
Hebraica	литература на еврейских языках см. также Judaica
Hebrew script	еврейский (рукописный) шрифт
Hectograph	гектограф (простейший прибор для размножения текста и иллюстраций)
Heliochrome	цветной фотоснимок
Heliochromy	цветная фотография (получение изображения предметов посредством фотографирования), гелиохромия
Heliograph	*полигр.* гелиограф
Heliography	*полигр.* гелиография
Help	*вчт.* помощь (функция компьютера); справка; подсказка
Heraldica	*лат. см.* Heraldry
Heraldry	геральдика, гербоведение
Heritage	наследство, наследие (литературное, научное)
Hierarchical classification	иерархическая классификация
Hierarchical notation	иерархическая нотация, иерархическая индексация
Hierarchy	иерархия
High grade paper	высококачественная бумага
High priced book	дорогостоящая книга

High school library	библиотека средней школы
Higher education	высшее образование
Highly used materials	*см.* Heavily used materials
Hinge	фальчик/стержень (полоска из бумаги или ткани), соединяющий половинки форзаца с переплётными крышками
Historical bibliography	история книги (история и методы книжного производства)
Historical calendar	исторический календарь
Historical fiction	историческая беллетристика
Historical novel	исторический роман
Historiographer	историограф
Historiography	историография
History of librarianship	история библиотечного дела
History of the book	история книги
History of writing	история письменности
Hit	результат (при поиске); совпадение (при поиске)
Hit rate	частота попаданий; частота совпадений (при поиске)
Hitherto unpublished	до сих пор неопубликованный/неизданный
Hold	держать, иметь в составе книжного фонда
Holdings	1. фонд; *См. также* Library collection 2. номера и выпуски сериальных изданий, имеющихся в фонде
Hole puncher	дырокол; *см. также* Punch

Англо-русский словарь

Hologram	голограмма
Holograph	собственноручно написанный документ
Home delivery	доставка (книг) на дом
Home library	домашняя библиотека; *см. также* Personal library
Home page	*вчт.* домашняя страница, главная страница, начальная страница (информационного узла сети WWW)
Home reading	домашнее чтение
Homograph	омограф
Homonym	1. омоним; 2. однофамилец, тёзка
Hornbook	старинный букварь, азбука в виде листа пергамента или бумаги, покрытой тонкой роговой пластинкой в деревянной рамке
Horror film	фильм ужасов
Horror novel	роман ужасов
Horror story	рассказ ужасов
Hospital library	больничная библиотека
Host	*см.* Host computer
Host computer	*вчт.* главная ЭВМ (электронно-вычислительная машина); главный компьютер; хост-компьютер
Hot news	последние новости
House	размещать, помещать (книги)
House journal	1. фирменный журнал (журнал, выпускаемый торговой или промышленной фирмой, предназначенный для распространения среди сотрудников или клиентов); 2. журнал ассоциации или общества
House organ	*см.* House journal
"House" papers	*см.* Parliamentary papers

Housing	размещение (книг), хранение (книг)
HTML, Hypertext Markup Language	*вчт.* язык гипертекстовой разметки, язык HTML
HTTP, Hypertext Transfer Protocol	*вчт.* протокол передачи гипертекста; протокол HTTP
Human-Computer Interaction, HCI	*вчт.* человеко-машинное взаимодействие
Human-Computer Interface, HCI	*вчт.* интерфейс "человек-компьютер", человеко-машинный интерфейс
Humidity	сырость, влажность, влага
Hybrid library	гибридная библиотека (библиотека, содержащая традиционные и электронные ресурсы)
Hyperlink	*вчт.* гиперссылка
Hypertext	*вчт.* гипертекст (форма организации текстового материала, при которой его смысловые единицы (фразы, абзацы, разделы) представлены не в линейной последовательности, а в виде системы явно указанных возможных переходов, связей между ними)
Hypertext Markup Language	*см.* HTML
Hypertext Transfer Protocol	*см.* HTTP
Hyphen	дефис
Hyphenation	разбивка слов по слогам для переноса; перенос (слова)
Hypothesis	гипотеза

I

Ibid.	там же
ICANN	*см.* Internet Corporation for Assigned Names and Numbers
Iconography	1. иконография; 2. указатель скульптурных и живописных произведений, монет, имеющих отношение к определенному лицу, сюжету или месту события
Identification card	удостоверение личности
Identifier	1. *вчт.* идентификатор; 2. идентификатор (слово естественного языка (имя собственное, акроним, географическое название и т.п.), которое служит для идентификации какого-либо объекта; оно не входит в состав дескрипторного информационно-поискового языка (ИПЯ), но может быть использовано при индексировании документа)
Identify	1. идентифицировать (напр., устанавливать автора, издательство и другие выходные данные документа); 2. устанавливать тождество
Identifying characteristics	идентифицирующие признаки
Identifying function	функция идентификации
Ideogram	идеограмма
Ideograph	*см.* Ideogram
Ideography	идеография, идеографическое письмо
Idiom	идиома, идиоматическое выражение
IFLA	*см.* International Federation of Library Associations and Institutions

ILL	*см.* Interlibrary loan
Illiteracy	неграмотность, безграмотность
Illiterate	1. неграмотный, безграмотный; 2. необразованный
Illuminate	иллюминировать (древние рукописи и старопечатные книги украшались цветными (золотыми, серебряными, многоцветными) инициалами, миниатюрами и другими рисунками от руки)
Illuminated book	иллюминированная книга
Illuminated initial	иллюминированный инициал
Illumination	иллюминирование
Illustrate	иллюстрировать
Illustrated catalog	иллюстрированный каталог
Illustrated edition	иллюстрированное издание
Illustration	иллюстрация
Illustrative matter	иллюстративный материал
Illustrator	иллюстратор
IM	*см.* Instant messenger
Image	изображение
Imitation	1. имитирование; имитация; 2. имитация (продукт имитирования); 3. искусственный
Imitation leather	искусственная кожа
Imperfect copy	дефектный экземпляр
Implementation	внедрение; ввод в эксплуатацию
Impress	1. отпечаток, оттиск; 2. штемпель, печать; 3. отпечатывать; 4. штамповать
Impression	*полигр.* 1. тираж; 2. оттиск
Imprimatur	разрешение на публикацию издания

Imprint	1. *полигр.* выходные данные; 2. выходные сведения в издании; 3. отпечаток; 4. отпечатывать; печатать; вытеснять
Imprint date	*см.* Publication date
In boards	(книга) в обрезном переплете
In brackets	в квадратных скобках
In circulation	выдан (о документе); "на руках"
In demand	пользующийся спросом
In parentheses	в круглых скобках
In press	в печати, печатается
In print	имеющийся в продаже или наличии в издательстве
In process	в обработке
In progress	продолжает выходить
In stock	в наличии в магазине или на складе
In triplicate	в трех экземплярах
In-house bindery	переплётная мастерская библиотеки
Inch	дюйм (мера длины; один дюйм равен 2,54 см)
Income	доход
Income generation	получение доходов от платных форм обслуживания
Increase in stock	*см.* Growth in stock
Incunable	*см.* Incunabulum
Incunabulum (plural Incunabula)	*лат.* инкунабула
Incut note	*см.* Cut-in note
Indecent literature	непристойная литература

Indent	1. делать абзац, отступ; начинать с красной строки; 2. составлять документ с дубликатом
Indention	*полигр.* 1. абзац, абзацный отступ, отступ; 2. втяжка (уменьшение формата выделяемого текста по сравнению с форматом основного текста; может быть с отступом слева и справа или только слева)
Indenture	документ с отрывным дубликатом; документ в нескольких экземплярах
Independent variable	*вчт.* независимая переменная
Index	1. вспомогательный указатель; 2. указатель; 3. индекс (условный знак, присваиваемый в процессе индексирования); 4. указательный знак в виде кисти руки; 5. при употреблении с заглавной буквы является сокращением от Index Librorum Prohibitorum, *см.* Index Librorum Prohibitorum; 6. включать в указатель; 7. снабжать указателем
Index entry	рубрика вспомогательного указателя
Index Librorum Prohibitorum	индекс запрещённых книг
Index map	сборный лист карт
Index of authors	*см.* Author index
Index of names	*см.* Name index
Index of persons	*см.* Person index
Index of place names	*см.* Place name index
Index of subjects	*см.* Subject index
Index of titles	*см.* Title index
Index volume	том, содержащий указатель или указатели

Indexer	1. индексатор (лицо, осуществляющее индексирование документов); *см. также* Cataloger; 2. составитель указателя
Indexing	1. индексирование; 2. составление указателя или указателей
Indexing by extraction	*см.* Derived indexing
Indexing term	термин индексирования
India paper	индийская бумага (тонкая и прочная непрозрачная бумага, изготавливаемая из тряпья)
Indicative abstract	индикативный реферат (реферат, освещающий содержание документа в краткой форме, не включающий конкретной информации); *см. также* Informative abstract
Indicator	1. индикатор (напр., поля); 2. показатель
Individual author	*см.* Personal author
Inedited	1. неотредактированный; 2. неопубликованный
Inferior character	полигр. подстрочный индекс (буква, цифра и т.п.), подстрочный знак
Inferior figure	*см.* Inferior character
Inform	информировать, сообщать
Information	информация
Information activities	информационная деятельность
Information agency	информационное учреждение
Information analysis	информационный анализ
Information barrier	информационный барьер

Information broker	информационный посредник
Information bulletin	информационный бюллетень
Information center	информационный центр
Information crisis	информационный кризис
Information department	информационный отдел
Information desk	стол справок (в основном выдача направляющих справок)
Information dissemination	распространение информации
Information file	1. подборка материалов для выполнения оперативного запроса; 2. справочная картотека
Information flow	информационный поток
Information industry	информационная индустрия
Information infrastructure	информационная инфраструктура
Information interchange format	*см.* Communication format
Information librarian	1. информационный библиотекарь; 2. *см.* Reference librarian
Information literacy	информационная грамотность
Information literacy instruction	обучение информационной грамотности; *см. также* Bibliographic instruction
Information management	управление информацией

Англо-русский словарь

Information Management System	система управления информацией
Information medium	носитель информации
Information need	информационная потребность
Information network	1. информационная сеть (совокупность автоматизированных информационных систем); 2. информационная сеть (совокупность информационных учреждений)
Information policy	информационная политика
Information processing	обработка информации
Information provider	поставщик информации (огранизация или индивидуум, ответственный за сбор и предоставление содержания справочных материалов (базы данных, справочники и т.д.))
Information request	*см.* Reference question
Information resource	информационный ресурс
Information retrieval language	информационно-поисковый язык, ИПЯ
Information retrieval system	информационно-поисковая система, ИПС
Information retrieval thesaurus	*см.* Thesaurus
Information retrieval, IR	Информационный поиск — 1. отрасль информатики, изучающая систему хранения и поиска информации. 2. поиск информации, отвечающей запросу пользователя, из коллекции документов

Information scientist	информатик
Information service	1. информационная услуга; 2. информационное обслуживание; *см. также* Reference service 1, 2
Information service organization	информационная служба
Information stock	*см.* Reference collection
Information storage	хранение информации
Information superhighway	информационная супермагистраль (взаимодействие телекоммуникационной инфраструктуры и информационных ресурсов (библиотеки, архивы, информационные центры))
Information system	информационная система
Information technology, IT	информационная технология
Information theory	теория передачи информации, теория информации
Information user	потребитель информации
Information work	информационная деятельность, информационная работа
Information worker	работник информационной индустрии
Informative abstract	аналитический реферат (реферат, наиболее подробно освещающий содержание документа и предоставляющий в ряде случаев возможность не обращаться к первоисточнику); *см. также* Indicative abstract
Informing	информирование

Infosphere	Инфосфера
Initial	1. инициал (начальная буква имени, фамилии или отчества); 2. *см.* Initial letter; 3. ставить инициалы
Initial letter	инициал (первая заглавная буква (обычно укрупнённого размера), помещаемая в начале текста книги, главы, части или абзаца), буквица
Ink	1. *полигр.* типографская краска; 2. чернила; 3. тушь; 4. покрывать типографской краской или тушью
Ink pad	штемпельная подушечка
Inlaid	инкрустированный
Inlaid binding	инкрустированный переплёт
Inlay	1. инкрустация, мозаика; 2. бумага для заклейки корешков блоков; 3. инкрустировать; вставлять; вкладывать; см. также Onlay
Inlaying	инкрустирование (переплёта)
Inner forme	внутренняя форма (сторона) печатного листа; *см. также* Outer forme
Inner margin	внутреннее поле, корешковое поле (страницы)
Input	*вчт.* 1. входные данные; 2. ввод данных; 3. вводить данные; *см. также* Output 2
Input device	*вчт.* устройство ввода
Input information	входящая информация
Inquire	1. спрашивать; 2. наводить справки
Inquirer	читатель библиотеки, делающий запрос
Inquiry	*см.* Reference question
Inscribed copy	экземпляр книги с автографом автора, сделанным по просьбе владельца книги; *см. также* Presentation copy

Insert	1. вкладка; вкладная иллюстрация; 2. *см.* File 5
Inserted leaf	вкладной лист
Inset	1. *см.* Insert 1; 2. иллюстрация, диаграмма или карта меньшего формата, помещённая внутри большей иллюстрации, диаграммы или карты
Inset map	дополнительная географическая карта, размещённая внутри карты больших размеров
Inside margin	*см.* Inner margin
Installment	отдельный выпуск
Instant messaging	*вчт.* Чат; мгновенный обмен сообщениями
Instant Messenger	*вчт.* Мгновенный обмен сообщениями. Программа для обмена сообщениями в реальном времени (AIM, ICQ)
Institutional publication	издание учреждения или организации
Institutional repository	Институционный репозиторий (архив документов научного или образовательного учреждения, созданный для сохранения и распространения интеллектуальной продукции в электронном формате). *См. также* digital depository
Instructional film	учебный фильм
Instructional materials	учебные материалы
Intaglio	*ит.* 1. глубокая печать; 2. углублённая гравюра
Intaglio printing	*см.* Intaglio 1
Intake	новые приобретения и поступления (книги, оборудование, читатели и т.п.)

Integrated library system	*см.* Automated library system
Interactive information system	*вчт.* интерактивная информационная система
Interactive mode	*вчт.* диалоговый режим, интерактивный режим
Interactive system	*вчт.* диалоговая система, интерактивная система
Interface	*вчт.* интерфейс см. также GUI, User interface
Interleaf	чистый лист, вплетённый между листами книги; прокладка
Interleave	прокладывать чистые листы между страницами книги
Interleaved	(книга) с проложенными, как правило, чистыми листами
Interlending	*см.* Interlibrary loan
Interlibrary loan code	положение о межбиблиотечном абонементе
Interlibrary loan, ILL	межбиблиотечный абонемент, МБА
Intern	*амер.* практикант
Internal form	служебный бланк, бланк для служебного пользования
International book exchange	международный обмен документами, международный книгообмен
International Federation of Library Associations and Institutions, IFLA	Международная федерация библиотечных ассоциаций и учреждений, ИФЛА
International interlibrary loan	международный межбиблиотечный абонемент, ММБА

Англо-русский словарь

International Organization for Standardization, ISO	Международная организация по стандартизации, МОС
International Serials Data System, ISDS	Международная система данных о сериальных изданиях, ИСДС, ISDS
International Society for Knowledge Organization, ISKO	Международное общество по организации знаний, ИСКО
International Standard Bibliographic Description, ISBD	Международное стандартное библиографическое описание, ИСБД, ISBD
International Standard Book Number, ISBN	Международный стандартный номер книги, ИСБН, ISBN
International Standard Serial Number, ISSN	Международный стандартный номер сериального издания, ИССН, ISSN
Internet	*вчт.* Интернет (глобальная компьютерная сеть)
Internet Corporation for Assigned Names and Numbers	*вчт.* Интернет корпорация по присвоению имен и номеров http://www.icann.org/ - международная организация в сфере управления адресной системой Интернета, урегулирующая доменные имена и номера IP-адресов
Internship	1. производственная практика; 2. стажировка
Interpret	1. объяснять, толковать; 2. устно переводить; 3. *вчт.* интерпретировать

Interpreter	1. устный переводчик; 2. *вчт.* интерпретатор, интерпретирующая программа (программа, иногда аппаратное средство, анализирующая команды или операторы исходной программы и выполняющая их построчно)
Intranet	*вчт.* Интранет, интрасеть (локальная вычислительная сеть, использующая стандарты, технологии и программное обеспечение Интернет)
Introduction	введение
Introduction to the library	ознакомление с библиотекой
Introductory chapter	вступительная глава
Introductory course	вводный курс
Inventory	1. проверка фонда; 2. инвентаризация; 3. инвентарная опись
Inversion	инверсия
Inverted chronological order	обратный хронологический порядок
Inverted commas	*см.* Quotation marks
Inverted heading	1. инвертированный заголовок библиографической записи; 2. *см.* Inverted subject heading
Inverted subject heading	инверсия в предметной рубрике
Invisible web	*вчт.* невидимый веб, невидимый интернет (множество веб-страниц Всемирной паутины, неиндексируемых поисковыми системами)
Invoice	счет-фактура, счет

IP telephony	*вчт.* IP-телефония - технология, позволяющая использовать Интернет или другую IP-сеть в качестве средства организации и ведения телефонных разговоров, а также передачи текстовых файлов и изображения в режиме реального времени (*напр.*, Mail.ru Агент, Skype, WengoPhone, Gizmo5, и т.д.)
IR	*см.* Information retrieval
ISBD	*см.* International Standard Bibliographic Description
ISBN	*см.* International Standard Book Number
ISDS	*см.* International Serials Data System
ISKO	*см.* International Society for Knowledge Organization
ISO	*см.* International Organization for Standardization
Isolate	изолат
ISSN	*см.* International Standard Serial Number
Issue	1. выпуск, номер (сериальное издания); 2. *см.* Publish; 3. *см.* Check out
Issue date	1. дата выхода сериального издания; 2. *см.* Loan date
Issue department	отдел выдачи
Issue number	номер выпуска; номер сериального издания (порядковое число, присваеваемое каждому очередному выпуску сериального издания)
Issue slip	читательское требование
Issued	выдана (книга)
Issuing office	издательство, издательский отдел
ist of references	*см.* References
IT	*см.* Information technology

Italic	1. курсивный; 2. курсив
Italicize	выделять курсивом
Item	1. предмет; экземпляр; 2. пункт, параграф, статья; 3. печатная единица, единица хранения; 4. газетная заметка
Item entry	описание документа
Itinerant exhibition	передвижная выставка
Ivory board	слоновый картон

J

Jacket	1. *см.* Book jacket; 2. см. Film jacket
Jacket cover	*см.* Book jacket
Jail library	*см.* Prison library
Jargon	жаргон
Jest book	обобщающее название сборников юмористических рассказов, выходивших в свет до 19 века
Jestbook	*см.* Jest book
Job	1. *вчт.* задание, работа; 2. работа; 3. *полигр.* акциденция
Job lot	залежавшиеся книги, продаваемые оптом по сниженной цене; *см. также* Remainder
Job printing	акцидентная печать
Jobber	1. *амер. см.* Wholesaler; 2. *полигр.* тигельная машина для печатания акцидентной продукции
Joint	рубчик (переплета), биг (переплета)
Joint author	соавтор
Joint catalog	*см.* Union catalog 2
Joint editor	соредактор
Joint publication	совместное издание
Journal	1. журнал (научный); 2. дневник
Journal article	журнальная статья
Journalism	журналистика
Journalist	журналист
Joystick	координатная ручка, джойстик
JPEG	формат JPEG (произносится "джейпег")

JSTOR	*вчт.* Джейстор (электронный архив, содержащий полные тексты научных журналов)
Judaica	литература об иудаизме и евреях, опубликованная на нееврейских языках; *см. также* Hebraica
Jukebox	автомат смены дисков, компакт-дисков или лент, дисковый автомат, устройство автоматической смены дисков или компакт-дисков
Jumbled type	*см.* Pi
Junior book	*см.* Children's book
Junior department	*см.* Children's department
Junior librarian	*см.* Entry-level librarian
Junior library	*см.* Children's library
Just issued	только что вышедший из печати
Just published	*см.* Just issued
Just-in-case	на всякий случай (политика комплектования фонда); *см. также* Just-in-time
Just-in-time	как раз вовремя (политика комплектования фонда); *см. также* Just-in-case
Justification	1. *полигр.* выключка строк, выравнивание (строк текста) по обоим краям; 2. обоснование
Juvenile	*см.* Children's book
Juvenile department	*см.* Children's department
Juvenile library	*см.* Children's library
Juvenile literature	*см.* Children's literature
Juvenilia	юношеские произведения (произведения, написанные в раннем возрасте)

K

KB	*см.* Kilobyte
Kb	*см.* Kilobit
Kbit	*см.* Kilobit
Kbyte	*см.* Kilobyte
Keep account	вести счета
Keep track of	следить за (*напр.*, поступлением литературы и т.п.)
Kettle stitch	брошюрный стежок
Key	1. клавиша; 2. *вчт.* ключ (идентификатор записи или группы записей в файле данных); 3. *вчт.* ключ (код, используемый процедурой шифрования сообщения); 4. *см.* Legend 2
Key-title	ключевое заглавие
Keyboard	*вчт.* Клавиатура; *см. также* Arrow key, Function key, Numeric keypad
Keyboarding	*вчт.* ввод данных с клавиатуры
Keypad	1. *вчт.* малая клавиатура; 2. *вчт.* дополнительная цифровая клавиатура
Keyword	ключевое слово
Keyword and Context index	*см.* KWAC index
Keyword in Context index	*см.* KWIC index
Keyword index	указатель ключевых слов
Keyword Out of Context index	*см.* KWOC index
Keyword searching	поиск по ключевым словам

Kilobit	*вчт.* килобит, Кбит
Kilobyte	*вчт.* килобайт, Кбайт
Kit	1. комплектное издание на разных носителях информации; 2. пакет текстовой информации на одном виде носителя
KM	*см.* Knowledge management
Knowledge	знание
Knowledge classification	классификация наук
Knowledge engineering	инженерия знаний (формализация знаний предметной области для построения базы знаний экспертной системы)
Knowledge management, KM	управление знаниями (процессы сбора, создания, обработки, хранения и использования служебной и общедоступной информации в отдельной организации)
Knowledge organization	организация знаний
Knowledge representation	*вчт.* представление знаний
Knowledge worker	*см.* Information worker
Knowledge-based system	*см.* Expert system
Known-item search	поиск заранее известного документа по элементам библиографического описания
Kurtosis	*стат.* эксцесс

Англо-русский словарь	KWOC index, Keyword Out of Context index
KWAC index, Keyword and Context index	указатель ключевых слов и контекста (взятые из заглавия ключевые слова размещаются в алфавитном порядке; вслед за ключевым словом приводится оставшаяся до точки часть заглавия, а затем помещается часть, предшествующая ключевому слову); указатель KWAC
KWIC index, Keyword in Context index	пермутационный указатель, указатель ключевых слов в контексте; указатель KWIC
KWOC index, Keyword Out of Context index	указатель ключевых слов вне контекста; указатель KWOC

KWOC index, Keyword Out of Context index   **Англо-русский словарь**

L

Label	1. ярлык, наклейка, этикетка; 2. *вчт.* метка; *см. также* Tag
Lacuna	лакуна, пробел в составе фонда
Laid in	1. вкладыш; 2. вложен в (примечание/пояснение в библиографической записи)
Laid paper	бумага верже, верже
Lamination	ламинирование
Lampoon	памфлет, злая сатира
LAN	*см.* Local Area Network
Language	язык
Language auxiliaries (UDC)	*см.* Common auxiliaries of language
Language barrier	языковой барьер
Language index	языковой вспомогательный указатель
Language of publication	язык издания
Language subdivision	языковые типовые деления, ЯТД (например, в ББК); *см. также* Common auxiliaries of language
Laptop	*вчт.* Лэптоп - портативный персональный компьютер; синоним –ноутбук
Large characters	крупные буквы
Large paper copy	*см.* Large paper edition
Large paper edition	издание с большими полями на крупноформатной бумаге, зачастую лучшего качества
Large post	формат бумаги 41.91 x 53.34 см (16.5 x 21 дюйм)

Large print	1. крупный шрифт; 2. книга, напечатанная крупным шрифтом
Large royal	формат бумаги 50.8 х 68.58 см (20 х 27 дюймов)
Larva	личинка (книжный вредитель)
Laser disk	лазерный диск
Laser printer	лазерный принтер
Latest edition	последнее издание (по времени)
Law library	юридическая библиотека
Layout	1. *полигр.* оригинал-макет; 2. *полигр.* вёрстка ; 3. *вчт.* формат; 4. размещение
LC	*см.* Library of Congress
LCC	*см.* Library of Congress Classification
LCRI	*см.* Library of Congress Rule Interpretations
LCSH	*см.* Library of Congress Subject Headings
Leader	1. передовая статья; 2. начало микрофильма (кусок чистой плёнки для вкладывания в аппарат и для предохранения первых кадров микрофильма от повреждений); 3. маркер (первые 24 позиции в записи MARC)
Leaf	1. лист (страница с оборотом); 2. перелистывать
Leaflet	1. листовка (в 2-4 страницы); 2. тонкая брошюра
Learned journal	*см.* Scholarly journal
Learned society	научное общество
Least-squares method	метод наименьших квадратов
Leather	кожа
Leather binding	кожаный переплёт

Leather bound	переплетённый в кожу (целиком или частично)
Leather cloth	ледерин, имитация кожи
Leatherette	искусственная кожа
Lecture	1. лекция; 2. читать лекцию
Ledger catalog	*см.* Guard book catalog
Left-hand page	*см.* Verso
Legacy	наследство, наследие
Legacy system	унаследованная система (системы, переставшие удовлетворять потребностям применений, но всё ещё находящиеся в эксплуатации из-за трудностей их замены)
Legal	1. юридический, правовой; 2. законный, легальный
Legal deposit	обязательный экземпляр
Legal document	юридический документ, правовой документ
Legal file	собрание судебных материалов
Legal library	*см.* Law library
Legend	1. легенда (рассказ, сказание); 2. легенда, экспликация (текст, поясняющий значение символов, условных обозначений на планах, картах); 3. легенда (надпись, например, на монете или медали)
Legible	разборчивый, четкий, удобочитаемый
Legislative manual	1. законодательный справочник, руководство; 2. синяя книга правительств штатов США
Lemma	тема, предмет (помещаются в начале литературного произведения)
Lend	выдавать книги по абонементу
Lending	*см.* Circulation

Lending department	*см.* Circulation department
Lending desk	*см.* Circulation desk
Lending library	библиотека, выдающая книги на дом
Length of library service	стаж библиотечной работы
Less-used materials	малоиспользуемая часть фонда
Let-in note	*см.* Cut-in note
Letter	1. буква; 2. полигр. литера; 3. письмо
Letter notation	буквенная индексация, буквенная нотация
Letter pagination	литерная пагинация; буквенная пагинация
Letter-by-letter alphabetizing	расположение "буква за буквой" (каждая многословная фраза рассматривается как состоящая из одного слова с таким составом букв); *см. также* Word-by-word alphabetizing
Letters patent	патентная грамота
Lettre de Forme	*см.* Textura
Level	1. уровень, ступень деления (в классификации); 2. ярус фондохранилища
Lexical unit	лексическая единица, ЛЕ
Lexicographer	лексикограф
Lexicography	лексикография
Lexicology	лексикология
Lexicon	1. *см.* Dictionary; 2. лексика, лексикон
Libel	1. пасквиль; 2. писать или публиковать пасквиль
Librarian	1. библиотекарь; 2. заведующий библиотекой; директор библиотеки
Librarian of Congress	директор Библиотеки Конгресса США

Англо-русский словарь

Librarian's office	кабинет директора библиотеки
Librarianship	библиотечное дело
Library	библиотека
Library 2.0	*вчт.* Библиотека 2.0 - современная концепция библиотечного обслуживания посредством информационных технологий и Интернета, основанная на тесном взаимодействии с пользователями
Library act	*см.* Library law
Library activities	библиотечная деятельность
Library administration	администрация библиотеки (офис и сотрудники)
Library assistant	Бибилиотечный помощник, библиотекарь-лаборант. *См.* Library clerk. *См. также* Paraprofessional
Library association	библиотечная ассоциация, ассоциация библиотек, ассоциация библиотекарей, библиотечное общество
Library authority	библиотечный совет (общественный орган); руководящий библиотечный орган
Library automation	автоматизация библиотечных процессов
Library binding	библиотечный переплет
Library budget	бюджет библиотеки
Library building	библиотечное здание
Library card	*см.* Borrower's card
Library catalog	библиотечный каталог
Library classification	библиотечная классификация
Library clerk	помощник библиотекаря
Library collection	библиотечный фонд; *см. также* Holdings 1

Library computerization	компьютеризация библиотек
Library conference	библиотечная конференция
Library congress	библиотечный конгресс
Library convention	библиотечный съезд
Library cooperation	кооперирование библиотечной деятельности, кооперация работы библиотек, кооперирование в библиотечном деле, библиотечное кооперирование
Library course	библиотечный курс (обучения)
Library director	директор библиотеки, директор библиотечной системы
Library directory	библиотечный справочник, путеводитель по библиотекам
Library discount	скидка для библиотеки (на издания, продаваемые библиотеке)
Library edition	библиотечное издание (издание, предназначенное для использования в библиотеке), издание для библиотек
Library education	см. Education for librarianship
Library employee	библиотечный работник, сотрудник библиотеки
Library environment	библиотечная среда
Library equipment	библиотечное оборудование
Library for the blind	библиотека для слепых
Library form	библиотечный бланк
Library furniture	библиотечная мебель
Library guide	путеводитель по библиотеке

Library hand(writing)	библиотечный почерк
Library holdings	*см.* Library collection
Library hours	часы работы библиотеки
Library instruction	обучение пользованию определенной библиотекой
Library law	библиотечный закон; библиотечное право
Library legislation	библиотечное законодательство
Library lesson	библиотечный урок
Library management	библиотечный менеджмент, управление библиотекой
Library manager	руководитель библиотеки; библиотечный менеджер
Library mark	*см.* Library stamp
Library marketing	библиотечный маркетинг
Library mission	миссия библиотеки
Library network	библиотечная сеть
Library of Congress card	печатная карточка Библиотеки Конгресса США
Library of Congress Classification, LCC	Классификация Библиотеки Конгресса США, КБК
Library of Congress Rule Interpretations (for AACR), LCRI	интерпретация правил (Англо-американских правил каталогизации) Библиотекой Конгресса США
Library of Congress Subject Headings, LCSH	предметные рубрики Библиотеки Конгресса США
Library of Congress, LC	Библиотека Конгресса США
Library orientation	библиотечное ориентирование

Library personnel	*см.* Library staff
Library planning	библиотечное планирование
Library policy	правила библиотеки
Library poster	библиотечный плакат
Library practice	библиотечная практика
Library premises	библиотечные помещения
Library procedure	библиотечная операция (технологическая)
Library process	библиотечный процесс (технологический)
Library processing	библиотечная обработка
Library profession	библиотечная профессия
Library publication	библиотечное издание (издание, выпущенное библиотекой)
Library publicity	популяризация библиотеки
Library quarters	*см.* Library premises
Library reference	*см.* Reference
Library regulations	правила пользования библиотекой
Library research	библиотечное исследование; библиотековедческое исследование
Library resources	*см.* Library collection
Library rules	*см.* Library regulations
Library school	библиотечная школа
Library science	библиотековедение
Library service	1. библиотечное обслуживание; 2. библиотечная услуга
Library service for the physically handicapped	см. Library service for users with disabilities
Library service for users with disabilities	библиотечное обслуживание лиц с физическими недостатками; библиотечное обслуживание инвалидов

Англо-русский словарь — Library work

Library skills	«библиотечные навыки», навыки пользования библиотекой
Library staff	персонал библиотеки; штат библиотеки, сотрудники библиотеки
Library stamp	штемпель библиотеки
Library statistics	библиотечная статистика (свод цифровых данных о деятельности библиотеки)
Library statute	*см.* Library law
Library stock	*см.* Library collection
Library supplies	библиотечная техника (вспомогательные средства, преимущественно печатные формы, необходимые в работе)
Library supply agency	библиотечный коллектор
Library survey	библиотечное исследование, библиотековедческое исследование
Library system	библиотечная система
Library tax	библиотечный налог
Library technician	Библиотекарь-техник. *См. также* Paraprofessional
Library techniques	техника библиотечной работы
Library theory	теория библиотечного дела
Library ticket	*см.* Borrower's card
Library tour	библиотечная экскурсия, экскурсия по библиотеке
Library training	обучение библиотечных клерков
Library trustees	совет попечителей библиотеки
Library unit	библиотечная единица
Library user	пользователь библиотеки
Library visit	посещение библиотеки
Library work	библиотечная работа

Library-school graduate	выпускник библиотечной школы
Library's effectiveness	эффективность работы библиотеки
Libretto	либретто
License	лицензия, разрешение
Licensing agreement	лицензионное соглашение
Ligature	*полигр.* лигатура
Light face	*см.* Lightface
Light fiction	легкая литература, развлекательная литература
Light pen	световое перо
Light reading	легкое чтение; развлекательное чтение
Lightface	*полигр.* светлый шрифт; *см. также* Boldface
Lilliput edition	*см.* Miniature book
Limited cataloging	упрощенная каталогизация
Limited edition	издание, выпущенное ограниченным тиражом
Line	1. строка; 2. линия, черта, штрих
Linear classification	линейная классификация
Linear regression	линейная регрессия
Linen	холст, парусина (переплётная ткань)
Lining	подкладка, форзацный материал (бумага или ткань)
Lining paper	*см.* Paste-down endpaper
Link	1. связывать, соединять; 2. *см.* Hyperlink
Linked books	книги многотомного издания (связь с другими томами видна по наличию общего заглавия, сплошной пагинации и т.п.)

Linocut	*полигр.* линогравюра
Linography	линография, печатание с линолеумных форм
List	1. указатель; 2. список, перечень
List of readings	список литературы для чтения
List of signatures	*см.* Register 5
List of subject headings	словарь предметных рубрик, список предметных рубрик
List price	номинальная цена по прейскуранту
List server	*вчт.* сервер рассылки
Listing	*вчт.* распечатка, листинг
Listserv	*Вчт.* 1. Листсерв (программа почтовой рассылки); 2. список рассылки, управляемый (администрируемый) программой Листсерв
Lit review	*см.* Literature review
Literacy	грамотность
Literal	дословный, буквальный
Literal (error)	полигр. буквенная опечатка, описка
Literary classics	классики литературы
Literary evening	литературный вечер
Literary heritage	литературное наследие
Literary magazine	литературный журнал
Literary sketch	литературный очерк
Literary supplement	литературное приложение

Literary warrant	1. совокупность документов по определенному предмету или теме; 2. (применительно к библиотечно-библиографческой классификации) концепция, в соответствии с которой создание новых классов и подразделов, также как и введение новых терминов в состав лексики информационно-поискового языка осуществляется только при наличии документов по данному предмету или теме
Literary work	литературное произведение, литературная работа
Literate	1. образованный; 2. грамотный; 3. образованный человек; 4. грамотный человек
Literature	1. литература; 2. художественная литература; 3. печатные материалы
Literature for the general reader	литература для широкого круга читателей
Literature review	обзор литературы
Literature search	подбор, поиск литературы (по определенному вопросу)
Lithograph	*полигр.* литографский оттиск, литография (оттиск)
Lithography	*полигр.* литография (способ печати)
Lithogravure	гравюра на камне (процесс гравирования клише и печатания с него)
Lithophotography	*см.* Photolithography
Lithotint	цветная литография (процесс)
Little-used materials	малоиспользуемая часть фонда
Load	*вчт.* 1. загрузка; 2. загружать (например, программу, в память)

Loaded paper	мелованная или крашеная бумага
Loan	*см.* Circulation
Loan charge	плата за выдачу литературы; *см.* Loan fee
Loan collection	подсобный фонд абонемента
Loan counter	*см.* Circulation desk
Loan date	дата выдачи книги
Loan department	*см.* Circulation department
Loan desk	*см.* Circulation desk
Loan fee	абонементная плата
Loan period	срок выдачи, абонементный срок
Loan request form	бланк заказа, требовательный листок на выдачу по абонементу
Loan statistics	статистика книговыдачи по абонементу
Loan status	статус книги (выдана, на месте)
Loan system	*см.* Charging system
Local area network, LAN	*вчт.* локальная вычислительная сеть, ЛВС *см. также* Wide area network
Local catalog	краеведческий каталог
Local classification	классификация краеведческой литературы
Local collection	фонд краеведческой литературы, краеведческий фонд
Local edition	местное издание
Local history materials	краеведческая литература, документы краеведческого характера
Local index	краеведческий указатель
Local list	1. таблица общих определителей места; 2. краеведческий библиографический список
Local literature	краеведческая литература
Local press	местная печать
Local subdivision	*см.* Geographic subdivision

Locate	1. размещать, располагать; 2. устанавливать местонахождение
Locating function	*см.* Identifying function
Location	1. расстановка книг; 2. место хранения документа (в фонде)
Location by size	форматная расстановка
Location index	1. схема расстановки книг; 2. шкафная опись; топографический каталог; 3. указатель местонахождения книг в библиотеках сети
Location number	полочный индекс
Location of copies	место хранения экземпляров
Location symbol	сигла (библиотеки)
Logical arrangement	логическая расстановка фонда
Logical notation	логическая индексация
Logical operators	логические операторы
Logogram	логограмма (условный знак, буква или цифра, обозначающая слово)
Long-playing record, LP	долгоиграющая пластинка
Long-time use	длительное пользование
Look up bibliographic details	устанавливать или уточнять элементы библиографического описания (документа)
Loose-leaf binder	скоросшиватель
Loose-leaf binding	съемный переплет
Loose-leaf catalog	*см.* Sheaf catalog
Loose-leaf publication	листовое издание
Loss	утеря (документа)

Англо-русский словарь

Lost book	1. утерянная книга; 2. книга, не сохранившаяся до наших дней
Lotka's law	закон Лотки
Low-cost edition	дешёвое издание
Low-grade paper	бумага низкого качества
Low-priced edition	дешёвое издание
Lower cover	задняя сторона переплета
Lower edge	*см.* Foot 2
Lower margin	*см.* Foot 1
Lowercase	1. в нижнем регистре; 2. строчные буквы; *см.* также Uppercase
LP	*см.* Long-playing record
Lurid novel	бульварный роман
Luxury binding	*см.* Deluxe binding
Lyric	лирическое стихотворение

M

Machine	1. машина, механизм, устройство; 2. *разг.* вычислительная машина; ЭВМ
Machine language	машинный язык
Machine time	машинное время
Machine translation	машинный перевод, автоматический перевод
Machine-Readable Cataloging, MARC	машиночитаемая каталогизация, МАРК
Machine-readable document	*см.* Electronic document
Machine-readable format	*см.* Electronic format
Machine-readable information	машиночитаемая информация
Macroform	макроформа; *см. также* Microform
Magazine	журнал (популярный); *см. также* Journal 1
Magazine article	статья из популярного журнала; *см. также* Journal article
Magazine case	футляр для журналов
Magazine rack	журнальный стенд
Magnetic card	магнитная карта
Magnetic disc	магнитный диск
Magnetic recording	магнитная запись
Magnetic tape	магнитная лента
Maiden name	девичья фамилия
Mail	1. почта, почтовая корреспонденция; 2. почта (система доставки корреспонденции); 3. посылать по почте

Mailing list	список (почтовой) рассылки; *см. также* Listserv
Mailing order	заказ по почте
Main author	*см.* Principal personal author
Main bibliographic record	*см.* Main entry 1
Main catalog	*см.* Central catalog
Main class	основной класс; основной раздел
Main collection	основной фонд
Main entry	1. основная библиографическая запись; 2. основной поисковый признак
Main entry heading	заголовок основного библиографического описания
Main heading	заголовок предметной рубрики
Main library	*см.* Central library
Main memory	*вчт.* основная память; оперативная память
Main reading room	главный читальный зал
Main storage	*см.* Main memory
Main title	основное заглавие
Main title page	основной титульный лист; *см. также* Added title page
Mainframe	*вчт.* 1. большая ЭВМ (коллективного пользования), мэйнфрейм; 2. центральный процессор; *см. также* Microcomputer, Minicomputer
Majuscula	*лат. см.* Majuscule
Majuscule	маюскул (прописная буква; обычно в древней латинской и греческой письменности); *см. также* Minuscule
Make a footnote	делать подстрочное примечание, сноску
Make an index	составлять (вспомогательный) указатель

Make reference to	ссылаться на что-либо
Make up	*полигр.* верстать
Makeup	1. *полигр.* вёрстка; 2. *полигр.* макет вёрстки
MAM	*см.* Media Asset Management
Manage	руководить, управлять, заведовать
Management	*см.* Library administration 1
Manager	заведующий, начальник, директор, менеджер
Managing editor	исполнительный редактор; *см. также* Editor-in-chief
Manual	*см.* Handbook
Manuscript	1. рукопись, манускрипт; 2. рукопись (авторский текст, представленный в издательство), авторский оригинал
Manuscript book	рукописная книга
Manuscript card	рукописная или машинописная карточка
Manuscript catalog	рукописный или машинописный каталог
Manuscript collection	фонд рукописей, рукописный фонд
Manuscript library	библиотека рукописей
Map	1. карта; 2. во мн.ч. картографические издания (как вид документа согласно формату МАРК для библиографических данных)
Map catalog	каталог карт
Map collection	фонд картографических изданий, картографический фонд
Map division	отдел картографических изданий
Map file	собрание карт
Map paper	картографическая бумага

Map projection	картографическая проекция
Map publication	картографическое издание
Mapmaking	*см.* Cartography
Maps	*см.* Map
Marbled paper	мраморная бумага
MARC	*см.* MAchine-Readable Cataloging
Margin	1. поле страницы; 2. снабжать полями
Marginal	(написанный) на полях страницы
Marginal figure	цифра на полях страницы, указывающая номер строки
Marginal heading	заголовок, размещенный на поле страницы; маргиналия
Marginal note	примечание, заметка, пометка на полях (издания), маргиналия
Marginalia	*см.* Marginal note
Mark	1. знак; 2. *см.* Marker; 3. делать пометки, отмечать
Mark out	1. вычеркивать; 2. размечать
Marker	маркер (метка, обозначающая начало или конец данных, либо их блока, части)
Marketing of library services	маркетинг библиотечных услуг
Marking	1. техническая обработка; 2. маркировка
Marks of omission	*см.* Omission marks
Markup language	*вчт.* язык разметки
Mashup	Смесь (*сленг*) - компьютерный сленг обозначающий Веб-приложение, сочетающее в себе контент из различных источников. см. также Web application hybrid

Англо-русский словарь   Measurements in library research

Mask	1. *вчт.* маска (формат, содержащий перечень наименований данных по определенной программе и предназначенный для заполнения); 2. *вчт.* маскировать; 3. фото шаблон, фотошаблон, трафарет
Mass book	*см.* Missal
Mass media	средства массовой информации
Mass-produced book	книга, выходящая массовым тиражом
Master	оригинал, эталон (используемый при копировании)
Master catalog	*см.* Central catalog
Master file	*вчт.* основной файл
Master of Library and Information Science, MLIS	Магистр библиотековедения и информатики
Master of Library Science, MLS	Магистр библиотековедения
Masterpiece	шедевр
Masthead	сведения на страницах периодического издания о заглавии, выходных данных, редакторах, редакционной коллегии, информация для подписчиков
Material specific details area	область специфических сведений (Англо-американские правила каталогизации)
Matrix	*полигр.* матрица
Matrix printer	*см.* Dot matrix printer
Matter	1. *полигр.* набор; 2. *полигр.* оригинал
Measure	1. мера; 2. *полигр.* длина строки
Measurements in library research	измерения в библиотечных исследованиях

Mechanical binding	переплёт со скреплённым скобой или спиралью корешком
Mechanical translation	*см.* Machine translation
Mechanization	*см.* Automation
Media	1. *мн.ч. от* Medium 3; 2. небумажные носители информации
Media Asset Management	Управление медиа (видео и аудио) активами
Media center	*амер.* медиа-центр (библиотека образовательного учреждения, фонд которой составляют материалы на небумажных носителях информации)
Medical library	медицинская библиотека
Medium	1. полужирный шрифт; 2. формат бумаги 18 х 23 дюйма (45,72 х 58,42 см) ; 3. носитель (информации, данных); *см. также* Information medium
Meet the demand for a book	удовлетворять спрос на книгу
Megabyte	*вчт.* мегабайт
Membrane	пергамент, пергамен (специально обработанная кожа животных)
Meme	*вчт.* Меме. Единица культурной информации, распространяемая между людьми посредством механизмов обучения или имитации. В Веб сети меме - это идея, шутка или видеоролик которые становятся новостными или контент-образующими
Memoir	1. биография; 2. научная статья; 3. официальный отчет, доклад
Memoirist	мемуарист; автор воспоминаний, мемуаров, биографии
Memoirs	1. мемуары; 2. ученые записки (общества)

Memorandum of Understanding	Меморандум о взаимопонимании
Memorial	хроника, летопись
Memorial edition	мемориальное издание
Memorial library	мемориальная библиотека
Memorial volume	мемориальный том (сборник и т.п.); *см. также* Festschrift
Memorialist	составитель петиции
Memorials	изложенные в петиции факты
Memory	*вчт.* память, запоминающее устройство (электронное устройство для оперативного хранения данных; этот термин, как правило, употребляется по отношению к оперативной памяти); *см. также* Storage 2
Mender	ремонтный мастер
Mending	мелкий ремонт (документа); *см. также* Repairing
Menu	*вчт.* меню
Message	сообщение, послание
Metadata	метаданные (данные, являющиеся описанием других данных)
Metallography	*вчт.* металлография
Methods of cataloging	методика каталогизации
Mezzotint	*полигр.* меццо-тинто (способ углублённой гравюры)
Micro-opaque	эпимикрокарта (микрокарта, содержащая изображение на непрозрачном носителе)

Microblogging	*вчт.* Микроблоггинг, форма общения в сети, позволяющая пользователям публиковать короткие сообщения (обычно не больше 140 символов), отражающие их текущий статус или точку зрения по определнным вопросам. Наиболее используемое интернет-приложение для микроблоггионга - Twitter
Microbook	микрокнига
Microcamera	аппарат для микрофильмирования
Microcard	микрокарта
Microcomputer	микроЭВМ, микрокомпьютер; *см. также* Personal computer, Mainframe, Minicomputer
Microcopy	микрокопия
Microcopying	микрокопирование
Microfiche	микрофиша; *см. также* Ultrafiche
Microfiche catalog	каталог на микрофишах
Microfiche reader	аппарат для чтения микрофиш
Microfilm	1. микрофильм; 2. микрофильмировать
Microfilm flow camera	микрофильмирующий аппарат динамической съемки
Microfilm reader	аппарат для чтения микрофильмов
Microfilmer	микрофильмирующий аппарат
Microfilming	микрофильмирование
Microform	микроформа; *см. также* Microcard, Microfiche, Microfilm; Macroform
Microform reader	аппарат для чтения микроформ
Micrograph	1. микроснимок; 2. микрограф
Micrographics	микрография
Microphotograph	микрофотоснимок, микрокопия
Microphotography	микрофотография

Microscopic edition	*см.* Miniature book
Mildew	плесень (на бумаге, коже)
Mildewy	поражённый плесенью
Military library	военная библиотека
Millboard	*см.* Binder's board
Mimeograph	мимеограф, ротатор (машина трафаретной печати; изначально название торговой марки); *см. также* Stencil duplicator
Miniature	1. миниатюра; 2. миниатюрный документ (уменьшенная копия); 3. миниатюрный
Miniature book	миниатюрная книга
Miniature painter	художник-миниатюрист
Miniature score	партитура маленького формата
Miniaturist	*см.* Miniature painter
Minicomputer	мини-ЭВМ, миникомпьютер; *см. также* Personal computer, Microcomputer, Mainframe
Minion	*полигр.* миньон (название шрифта, кегль которого равен 7 пунктам, 2,53 мм)
Mint condition	отличное состояние (книги)
Minuscule	минускул (буква строчного начертания; обычно в древней латинской и греческой письменности); *см. также* Majuscule
Misarrange	неправильно расставлять
Misbound	неправильно переплетённый
Miscellany	сборник; альманах
Misfile cards	заставлять карточки
Misinformation	дезинформация
Misplace	заставлять (книгу)
Misprint	опечатка

Missal	молитвенник (католический)
Misshelve	располагать (книгу) в неправильном месте
Missing at inventory	«по инвентарю числится утраченной»
Missing book	отсутствующая книга
Missing issue	недостающий выпуск
Missing number	недостающий номер
Missing pages	недостающие страницы
Mixed media package	информация на смежных носителях
Mixed notation	смешанная индексация, смешанная нотация
MLIS	*см.* Master of Library and Information Science
MLS	*см.* Master of Library Science
Mnemonics (quality of the notation)	мнемоничность нотации
Mobile library	передвижная библиотека; *см. также* Bookmobile
Mobile shelf	передвижная полка
Mobile stack	передвижной стеллаж
Model library	показательная библиотека
Modem	*вчт.* модем
Moderately priced books	недорогие книги
Modern face	шрифт нового стиля (появился в конце XVII века)
Modern Italic	курсивный шрифт нового стиля
Modification	видоизменение, модификация

Modular library building	«модульное» библиотечное здание (с минимальным числом внутренних несущих стен)
Modulate	1. (в классификации) создавать иерархию соподчинённых подклассов на основе последовательного ступенчатого деления принятой дробности; 2. модулировать
Module	модуль
Moiré	1. муар (ткань); 2. *полигр.* муар
Mold	1. полигр. отливная форма; 2. плесень
Monastic binding	монастырский переплёт
Monastic librarian	библиотекарь монастырской библиотеки
Monastic library	монастырская библиотека
Monitor	*вчт.* монитор, экран, дисплей
Monk	*полигр.* пятно краски на печатном листе дефект печати (из-за избытка краски)
Monochrome printing	*полигр.* одноцветная печать, монохромная печать
Monogram	монограмма
Monograph	монография
Monographic publication	однотомное издание, моноиздание
Monographic series	монографическая серия
Monolingual dictionary	одноязычный словарь
Monthly	1. ежемесячный; 2. ежемесячник, ежемесячное (периодическое) издание
Monumental publication	монументальное издание
Moon type	шрифт для слепых по системе В. Муна

Morgue	*амер.* отдел хранения справочного материала в редакции газеты
Morning edition	утренний выпуск (газеты), утреннее издание (газеты)
Morocco binding	сафьяновый переплёт
Mosaic binding	мозаичный переплёт
Mosaic map	*см.* Photomosaic
Most read	наиболее читаемый
Most used	наиболее используемый
Most widely circulated	пользующийся наиболее широким обращением
Motion picture	кинофильм
Motion-picture collection	собрание кинофильмов, фонд кинофильмов
Motion-picture play	экранизированная пьеса
Mottled calf	крапчатая телячья переплётная кожа
MOU	*см.* Memorandum of Understanding
Mount	паспарту; подложка, на которую наклеена иллюстрация, карта, фото и т.п.
Mountweazel	разблюто
Mouse	*вчт.* мышь (устройство для управления курсором на текстовом или графическом экране)
Movable location	*см.* Relative location
Movable shelf	передвижная полка
Movie	*см.* Motion picture
Movie projector	киноаппарат
MP3 player	Проигрыватель цифровых звуковых записей
Mull	переплётная марля, тонкий муслин

Multi-access	*вчт.* мультидоступ, коллективный доступ
Multi-dimensional classification	многократное отражение (при систематизации, предметизации)
Multi-dimensional indexing	многоаспектное индексирование
Multi-tier stack	многоярусный стеллаж
Multi-volume publication	многотомное издание
Multi-volume work	многотомное произведение
Multilingual dictionary	многоязычный словарь
Multimedia	*вчт.* мультимедиа (интеграция многообразных носителей информации посредством компьютера), вывод данных в текстовом, видео, аудио, графическом, мультипликационном и др. видах
Multinomial subject heading	многочисленная предметная рубрика
Multiple copy	дублетный экземпляр, дублет
Multiple entry	многократное описание
Multiple reference	многократная ссылка (отсылающая к нескольким заголовкам или рубрикам каталога)
Multiplication	размножение (на множительном аппарате)
Multiply	размножать
Multitasking	Многозадачность
Municipal library	муниципальная библиотека
Muniment room	помещение для хранения документов
Museum library	библиотека музея, музейная библиотека
Music	музыка, ноты, музыкальное произведение
Music book	книга по музыке

Music catalog   Англо-русский словарь

Music catalog	нотный каталог
Music department	*см.* Music division
Music division	музыкально-нотный отдел
Music entry	описание музыкального произведения
Music house	1. издательство музыкальной литературы; 2. магазин музыкальной литературы
Music librarian	заведующий музыкальной библиотекой; библиотекарь музыкальной библиотеки
Music library	музыкальная библиотека
Music literature	музыкальная литература
Music paper	нотная бумага
Music publisher	1. издатель нот; 2. издатель музыкальной литературы
Music score	партитура
Music shop	нотный магазин
Musical comedy	музыкальная комедия, оперетта
Musical composition	музыкальное произведение
Musical motion picture	музыкальный кинофильм
Musical record	музыкальная запись, звукозапись
Musical work	музыкальное произведение
Musician	музыкант, композитор
Musicology	музыковедение
Muslin	муслин, миткаль (переплётный материал)
Mutilated manuscript	искажённая рукопись
Mutilation	повреждение, порча
Mutual interchange	взаимный книгообмен

Mystery (book)	1. книга с захватывающим сюжетом и элементами мистики; 2. детективный роман
Mystery film	детективный фильм

Mystery film **Англо-русский словарь**

N

Name	имя; наименование
Name authority file	файл нормативных записей (авторитетный файл) персональных имен, наименований коллективов, географических названий
Name entry	библиографическая запись под заголовком персонального имени, наименования огранизации, географического названия
Name file	1. картотека имен; 2. *см.* Name authority file
Name guide (card)	именной распределитель
Name index	именной указатель
Name list	1. перечень имен; 2. *см.* Name authority file
Name reference	отсылка к персональному имени, наименованию организации, географическому названию, используемому в качестве заголовка библиографической записи (*напр.*, отсылка от псевдонима к настоящей фамилии автора и т. п.)
Narration	1. изложение, повествование (процесс); 2. *см.* Narrative
Narrative	1. рассказ, повесть; 2. повествовательный
Narrow	узкий формат (ширина меньше 2/3 высоты книги)
Narrower term	нижестоящий дескриптор, видовой дескриптор, подчинённый дескриптор; *см. также* Broader term, Related term, Used for
National bibliography	национальная библиография, государственная библиография
National biography	биография выдающихся людей страны
National catalog	национальный каталог

National Central Library, NCL (UK)	Национальная центральная библиотека (Великобритания)
National Diet Library, NDL (Japan)	*см.* Kokuritsu Kakkai Toshokan
National Federation of Abstracting and Information Services, NFAIS (USA)	Национальная федерация по вопросам реферирования и информационного обслуживания (США)
National librarian	директор национальной библиотеки
National library	национальная библиотека
National literature	национальная литература
National Technical Information Service, NTIS (USA)	Национальная служба технической информации
National Union Catalog, NUC (USA)	Национальный сводный каталог (США)
Natural classification	естественная классификация; *см. также* Artificial classification
Natural language	естественный язык; *см. также* Artificial language
Naturalized name	натурализованное имя (имя иностранца, измененное применительно к именам населения данной страны)
Nature book	книга о природе (популярная)
Nautical almanac	морской альманах
Nautical chart	морская навигационная карта
Naval library	военно-морская библиотека; флотская библиотека
NCL (UK)	*см.* National Central Library

Англо-русский словарь — New edition

NDL (Japan)	*см.* Kokuritsu Kakkai Toshokan
Necrographer	*см.* Necrologist
Necrologist	автор некролога
Necrology	1. некролог; 2. список умерших
Needlework binding	*см.* Embroidered binding
Negative	1. негатив; 2. отрицательный
Negative selection	*см.* Weeding
NELINET	*см.* New England Library Information Network
Nerd	*вчт. сленг* Нерд (дословно «Зануда») - компьютерно-образованный человек владеющий информационными технологиями, но не имеющий навыков социального общения. см. также Dork and Geek
Net	1. *вчт.* сеть (коммуникаций и т.п.); 2. чистый (доход, прирост фонда и т.п.)
Netbook	*вчт.* Нетбук (небольшой ноутбук, предназначенный для доступа к Интернету и ограниченной работы с офисными приложениями)
Netizen	*вчт.* Сетянин. Гражданин Интернета. Пользователь Интернета, вовлеченный в сетевое социальное общение
Network	1. *вчт.* сеть; *см. также* Computer network, Library network; 2. переплётный рисунок в виде сетки; сеточный орнамент
Network access	*вчт.* доступ к сети
New acquisition	новое поступление
New books	новые поступления; книжные новинки
New books display	выставка новых поступлений
New copy	новый экземпляр
New edition	новое издание

New England Library Information Network   Англо-русский словарь

New England Library Information Network	Библиотечно-информационная сеть Новой Англии
New impression	новое тиснение
New paragraph	красная строка
New publications	новые издания; книжные новинки
New title file	картотека новых поступлений
New titles	новые названия; книжные новинки
New Zealand Library Association	Библиотечно-информационная Ассоциация Новой Зеландии
Newsbook	1. брошюра XVI – XVII веков, посвященная текущим событиям; 2. (после 1640 года) английский двухнедельный журнал
Newsletter	1. информационный бюллетень; 2. письмо с новостями (рукописное, позднее печатное, периодически рассылавшееся подписчикам XVI – XVII веков)
Newspaper	газета, газетная бумага
Newspaper editor	редактор газеты
Newspaper file	подшивка газет
Newspaper heading	газетный заголовок
Newspaper leading article	передовица, передовая статья в газете
Newspaper library	библиотека газетной редакции
Newspaper type edition	газетное издание
Newsprint	газетная бумага
Newsreel	1. кинохроника; 2. киножурнал
Newsroom	газетный зал

Newsstand	газетный киоск, ларек; *амер.* книжный киоск
Newsvendor	продавец газет, газетчик
NFAIS (USA)	*см.* National Federation of Abstracting and Information Services
Nick	сигнатура (литеры)
Nickname	прозвище, кличка
Nidus	ниша для книг
Ninety-one rules	«91 правило» (инструкция по каталогизации, составленная А. Паницци и др. для каталога Библиотеки Британского Музея)
No date (n.d.)	без года издания (б.г.)
No more published	больше не издавалось
No paging	пагинация отсутствует
No place	без места издания
No title	без заглавия
No title page	без титульного листа
No year	без года издания
Noise control	борьба с шумом
Nom de guerre (French)	*фр.* псевдоним
Nom de plume	*фр.* (литературный) псевдоним
Nomenclature	1. номенклатура, терминология; 2. твердая система наименований для элементарных делений в таблице классификации или в какой-либо дисциплине
Nominal price	номинальная цена, номинал
Non-book materials	некнижные материалы

Non-circulating books	книги, не подлежащие выдаче
Non-consecutive paging	непоследовательная пагинация, прерывающаяся пагинация
Non-current literature	нетекущая литература; издания прежних лет
Non-descriptor	аскриптор (лексическая единица информационно-поискового тезауруса, которая в поисковом образе документа подлежит замене на дескриптор при поиске или обработке информации)
Non-fiction	небеллетристическая литература; научная и научно-популярная литература
Non-fiction book	научно-популярная книга
Non-literary material	нелитературный материал (фильмы, звукозаписи и т.п.)
Non-located books	1. нерасставленные книги; 2. ненайденные книги
Non-Parliamentary publications	издания английского правительства, подготовленные и выпущенные без официального указания парламента
Non-payroll costs	эксплуатационные расходы; расходы на комплектование
Non-print materials	*см.* Non-book materials
Non-receipt	1. литература, не получаемая библиотекой; 2. литература, не полученная библиотекой
Non-recurrent costs	единичные расходы; однократные расходы
Non-relief type	выворотный шрифт
Non-serial	непродолжающееся издание, несерийное издание
Non-subscription publication	неподписное издание

Nondescript	неясное заглавие
Nonpareil	нонпарель (шрифт размером = 6 англ. пунктов = 5,6 фр. пунктов = 2,1 мм = 0,08 д.)
Norm	норма, норматив
Normative publication	нормативное издание
Not available book	1. книга, которую нельзя достать, получить; 2. книга, не выдаваемая читателям
Not available to the public	не выдается читателям
Not for circulation	не выдается по абонементу
Not for loan	*см.* Not for circulation
Not for publication	на правах рукописи
Not for sale	не для продажи, в продажу не поступает
Not in stock	1. нет на складе; 2. нет в фонде
Not in the library	нет в библиотеке
Not in the trade	нет в продаже, не продается
Not local	иногородний
Not on sale	нет в продаже, распродана
Not on shelf (NOS)	нет на полке, нет на месте
Not out	не вышла из печати
Notation	индексация, нотация
Notation service	индексирование; работа, связанная с индексацией
Notation signs	нотации
Notation system	нотационная система
Notational indexing	расположение указателя по индексам; составление указателя без использования словесных рубрик

Notational symbol	условное обозначение, принятое в индексации; несловесное обозначение, используемое в количестве рубрики указателя
Note	1. примечание; заметка; запись; 2. сноска; 3. символ, знак; 4. нота; 5. письмецо, записка; 6. делать заметки, примечания; записывать
Note area	область примечания
Note paper	1. бумага для заметок; 2. почтовая бумага; 3. формат бумаги 8 x 10 д.
Notebook	1. блокнот; 2.*см.* Laptop
Nothing before something	расположение по алфавиту в порядке последовательности слов
Notice to the reader	1. к сведению читателя; 2. *см.* Notification
Notification	извещение; напоминание; повестка; сообщение; предупреждение
Notification fee	плата за извещение по почте
Novel	1. роман; 2. новелла
Novel with a purpose	тенденциозный роман
Novel-writer	*см.* Novelist
Novelette	1. небольшой роман; 2. повесть; рассказ, новелла
Novelist	романист, новеллист
Novella	*ит.* повесть, новелла
Now printing	печатается; находится в печати
Now published	(издание) вышло в свет; только что опубликовано
NUC (USA)	*см.* National Union Catalog
Nucleus of regular readers	читательский архив, актив библиотеки, библиотечный актив

Number	1. выпуск, номер, экземпляр; 2. число, количество; 3. индекс; 4. нумеровать, насчитывать, считать, шифровать
Number building	составление индекса (в классификации)
Numbered column	нумерованный столбец, колонка (страницы)
Numbered copy	нумерованный, номерной экземпляр
Numbered edition	нумерованное издание
Numbered entry	нумерованное описание; описание, отмеченное порядковым номером (в библиографических пособиях или печатных каталогах)
Numbered page	нумерованная страница
Numbering	нумерация, шифровка
Numbering machine	нумерационная машина; нумерационный аппарат
Numbering stamp	нумератор (ручной)
Numbering system	система нумерации; система шифровки книг
Numbering with gaps	нумерация с пробелами (пропусками)
Numeral	1. числовой, цифровой; 2. цифра
Numeration	нумерация
Numerator	1. нумератор; 2. лицо, нумерующее что-либо
Numerical	числовой, цифровой
Numerical area	область нумерации
Numerical arrangement	нумерационная расстановка
Numerical catalog	нумерационный каталог
Numerical code	цифровой индекс
Numerical file	*см.* Numerical record of registration

Numerical notation	цифровая индексация; цифровая нотация
Numerical order	цифровой порядок; нумерационная расстановка
Numerical record of registration	регистрация читателей в порядке последовательности записи в библиотеку
Nursery tale	сказка для детей младшего возраста

O

O.E.	*см.* Old English
O.P.	*см.* Out of print
O.S.	*см.* Out of stock
OAI	*см.* Open Archives Initiative
OAI-PMH	*см.* Open Archives Initiative - Protocol for Metadata Harvesting
Obelisk	*см.* Dagger
Obituary	некролог
Obligatory copy	*см.* Deposit copy
Obligatory reading	*см.* Required reading
Oblong	альбомный формат, поперечный формат
Obscene literature	непристойная литература
Obsolete book	устаревшая книга
Obverse cover	*см.* Upper cover
Occasional publication	издание, выходящее на нерегулярной основе
OCLC	*см.* Online Computer Library Center
OCR	*см.* Optical Character Recognition
Octave device	метод октавы
Octavo	ин-октаво (формат издания в 1/8 долю листа, получаемый фальцовкой в три сгиба)
Odd folio	нечётная колонцифра
Odd page	*см.* Odd-numbered page
Odd-numbered page	нечётная страница

Oddments	части книги, не входящие в основной текст (оглавление, вступление, приложение и т.д.)
Off-campus education	*см.* Distance learning
Off-line	вчт. автономный (неподключенный к вычислительной системе; режим работы устройства, при котором оно не управляется со стороны компьютера)
Off-line mode	автономный режим; режим офлайн
Official gazette	официальное периодическое издание
Official name	официальное название (учреждения, организации)
Official publication	официальное издание
Offprint	отдельный оттиск (оттиск части текста издания, *напр.*, статьи из журнала или главы книги, отпечатанный и оформленный в виде отдельного издания, как правило, без изменения пагинации)
Offset	*полигр.* офсет
Old English	староанглийский шрифт
Old face	шрифт старого стиля
Oleograph	*полигр.* олеография (оттиск, полученный способом олеографии)
Oleography	*полигр.* олеография
Omission	пропуск
Omission marks	многоточие, указывающее на пропуск части текста
Omit	пропускать
Omnibus book	сборник произведений, ранее выпущенных отдельными изданиями
On appro.	*сокр. от* On approval

Англо-русский словарь **On-line library information system**

On approval	на просмотр, для ознакомления (соглашение, в соответствии с которым, документы высылаются покупателям для ознакомления и возможного приобретения с правом возврата в случае ненадобности)
On display	выставленный на показ
On expiration	по истечении (срока)
On loan	(документ) выдан по абонементу
On order	заказанный (о документе)
On order file	файл заказанных материалов
On receipt	по получении
On request	по требованию, по запросу
On sale	в продаже
On-line	*вчт.* 1. онлайновый; интерактивный; диалоговый; работающий в режиме реального времени; 2. постоянное соединение с вычислительной сетью; 3. неавтономный режим работы (периферийного устройства)
On-line access	доступ в режиме онлайн, доступ в режиме реального времени
On-line bibliographic network	объединенная библиографическая сеть, доступная в режиме реального времени
On-line catalog	электронный каталог, ЭК
On-line Computer Library Center, OCLC	Онлайновый Компьютерный Библиотечный Центр
On-line information retrieval	автоматизированный информационный поиск в режиме онлайн
On-line library information system	автоматизированная информационно-библиотечная система, АИБС

On-line mode	режим онлайн; интерактивный, диалоговый режим
On-line ordering	заказ в режиме онлайн
On-line Public Access Catalog, OPAC	электронный (общедоступный) каталог в режиме реального времени
On-line publication	*см.* Electronic publication
On-line searching	автоматизированный поиск; диалоговый поиск
One-person library	библиотека, обслуживаемая одним библиотекарем
One-volume publication	однотомное издание, однотомник
Onion skin	тонкая прозрачная бумага
Onlay	накладка (наклейка на поверхности переплета, применяется для декорирования переплета); *см. также* Inlay
Online chat	*см.* Chat
OPAC	*см.* Online Public Access Catalog
Open access	*вчт.* Открытый доступ (свободный доступ к Интернету, позволяющий любым пользователям читать, скачивать, копировать, распространять, печатать, искать или предоставлять электронные ссылки на полнотекстовые статьи, индексировать их, переправлять их в качестве данных в компьютерные программы или использовать их для других законных целей без финансовых, юридических или технических барьеров, за исключением получения доступа непосредственно к сети Интернет)
Open access library	библиотека с открытым доступом к полкам

Open Archives Initiative	1. Инициатива открытых архивов http://www.openarchives.org/ - организация разрабатывающая и продвигающая стандарты совместимости для эффективного распространения электронных печатных изданий. 2. Протокол для сбора метаданных, разработанный организацией «Инициатива открытых архивов»
Open bibliography	*см.* Current bibliography
Open book case	*см.* Slip case
Open entry	открытое описание
Open shelf library	*см.* Open access library
Open Source	*вчт.* дословно – "Открытый источник"; компьютерный продукт с открытым (рассекреченным) исходным кодом; Например, http://www.mysql.com/
Open source software	*вчт.* Программное обеспечение с открытым исходным кодом
Open stack	открытый доступ к фондам библиотеки
Opening	разворот
Opening hours	часы работы
Operating plan	оперативный план
Operating system	*вчт.* операционная система
Operations department	административно-хозяйственный отдел
Operator	1. оператор (взаимоотношение между изолатами); 2. работник, обслуживающий вычислительные машины
Optical character reader	оптический читающий автомат, ОЧА
Optical Character Recognition, OCR	*вчт.* оптическое распознавание символов

Optical copying	*вчт.* оптическое копирование
Optical disk	*вчт.* оптический диск
Option	1. приобретение издательством права на издание всех будущих произведений автора; 2. опция, вариант, выбор
Optional element of bibliographic description	факультативный элемент библиографического описания
Optional subject	факультативный предмет (в высшем учебном заведении)
Opus	1. *лат.* опус, музыкальное сочинение, литературное произведение; 2. *амер.* статья; 3. *амер.* писать
Opuscule	небольшое литературное или музыкальное произведение
Orchestral score	оркестровая партитура
Order	1. порядок; последовательность; расположение; расстановка; 2. заказ; 3. приводить в порядок; 4. заказывать книгу
Order blank	бланк заказа
Order card	карточка заказа
Order department	отдел заказов
Order file	картотека заказов
Order form	бланк заказа
Order list	список заказов
Order receipt card	карточка выполненного заказа
Order record card	карточка заказанной книги
Order slip	*см.* Order card
Ordered edition	заказанное издание
Orderly sequence	последовательность по порядковому номеру

Англо-русский словарь

Orders outstanding	невыполненные заказы
Orders received file	картотека выполненных заказов
Ordinal notation	порядковая индексация
Organization of catalog	организация библиотечного каталога
Organization of collections	организация фондов
Original author	первый автор (коллектива авторов)
Original binding	1. издательский переплет; 2. оригинальный переплет
Original cataloging	оригинальная, первичная каталогизация (без использования каталожной копии, печатной карточки или электронной копии)
Original copy	оригинал, подлинник
Original edition	первое издание
Original sources	первоисточники
Original text	первоначальный текст; текст оригинала, подлинника
Original title	1. заглавие оригинала; 2. первоначальное заглавие
Original work	1. оригинал, подлинник; 2. первое произведение
Ornament	1. орнамент, украшение, узор; 2. украшать
Ornamental binding	орнаментированный переплет
Ornamental initial	орнаментированный инициал
Ornamental type	орнаментированный шрифт, узорный шрифт
Orthography	орфография, правописание

Ostromir Gospel	Остромирово Евангелие (памятник старославянской письменности русской редакции (1056-57))
Other title	другое заглавие
Other title information	сведения, относящиеся к заглавию
Out	1. выдана (о книге); 2. пропуск (в наборе)
Out of print edition	разошедшееся издание
Out of print, O.P.	распродано, разошлось
Out of stock, O.S.	нет на издательском складе (книги)
Outdated	устарелый, устаревший
Outer forme	внешняя форма (сторона) печатного листа; *см. также* Inner forme
Outer margin	наружное поле (страницы), переднее поле
Outline	1. краткий обзор, очерк, набросок; 2. абрис, контур; 3. делать набросок, описывать в общих чертах
Outline map	контурная карта
Outline of main classes	краткая таблица основных делений классификации
Output	1. *полигр.* масштаб издания (тиражность); 2. *вчт.* вывод данных; *см. также* Input; 3. производительность
Output device	*вчт.* выводное устройство, устройство вывода
Outreach	внестационарное обслуживание
Outside	наружная сторона листа
Outside margin	*см.* Outer margin
Outside source	внешний источник информации (употребляется в специальных библиотеках для указания на источник сведений из других организаций)

Англо-русский словарь

Outside user	посторонний читатель (получивший разрешение пользоваться библиотекой данной организации)
Over-run	допечатка
Overdue book	просроченная книга
Overdue charge	пеня; штраф за просроченную книгу
Overdue notice	напоминание читателю о возврате просроченной книги
Overflow stock	вспомогательный фонд
Overhaul	1. пересмотренные и исправленные издания; 2. *амер.* пересматривать с целью исправления
Overhead projector	графопроектор; проекционный аппарат
Overheads	накладные расходы
Overline	*амер.* надпись (над иллюстрацией)
Overnight book	книга, выдаваемая на ночь
Overnight lending	*см.* Overnight loan
Overnight loan	ночной абонемент (абонемент, предоставляющий возможность пользователю получать документы на дом во внерабочий для библиотеки период)
Overprint	печатать дополнительно; печатать сверх тиража
Overseas library	зарубежная библиотека (по отношению к странам, отделённым от других стран морями, океанами)
Oversewing	шитьё втачку, брошюрное шитьё
Oversized book	книга, превышающая обычный формат
Ownership mark	знак владельца (*напр.*, книги: штамп, книжный знак и т.п.)
Ownership stamp	штамп, печать владельца

Oxford corner	уголок в виде пересекающихся линий, украшающий титульные листы и сторонки переплета
Oxford University Press	Оксфордское Университетское издательство

P

P2P	*см.* Peer-to-Peer Networking
PAC	*см.* On-line Public Access Catalog
Packet notation	использование в индексации знака группирования элементов внутри комбинированного индекса (квадратные скобки в УДК)
Padded Morocco binding	подбитый сафьяновый переплёт
Padding	1. чистые страницы в конце брошюры (вплетаемые для ее утолщения); 2. набивочный материал
Padeloup binding	переплет в стиле Падeлу (с украшениями в виде инкрустации из цветных кусочков кожи. Имел распространение во Франции в XVIII веке)
Page	1. страница; 2. нумеровать страницы
Page catalog	*см.* Guard book catalog
Page head	переменный колонтитул
Page number	колонцифра, номер страницы
Page reference	ссылка на страницу
Paginate	*см.* Page 2
Pagination	пагинация
Painted edges	окрашенные обрезы книги
Palaeography	палеография
Palimpsest	*греч.* палимпсест
Palm-leaf manuscript	рукопись, написанная на пальмовых листьях
Pam	*см.* Pamphlet
Pamphlet	1. брошюра; 2. памфлет

Pamphlet binding	переплёт с проволочным скреплением корешка
Pamphlet box	*см.* Pamphlet file
Pamphlet collection	собрание брошюр
Pamphlet file	1. собрание брошюр и других материалов малого объёма; 2. коробка или футляр для хранения брошюр и других непереплетённых материалов
Pamphlet volume	конволют, составленный из брошюр
Pamphlet-style library binding	библиотечный переплёт для редко спрашиваемых брошюр
Panel	1. *полигр.* панель на верхней крышке переплёта; 2. промежуток между бинтами на корешке переплёта; 3. наклейка на корешке переплёта; 4. совещание, обсуждение
Pantograph	пантограф
Paper	1. бумага; 2. газета; 3. документ; 4. доклад; 5. бумажный; 6. завертывать в бумагу
Paper backed	*см.* Paperback
Paper boards	картонный переплёт
Paper mark	*см.* Watermark
Paper size	формат бумаги
Paper-bound book	*см.* Paperback
Paper-cutting machine	бумагорезальная машина
Paper-less office	безбумажное производство, безбумажная технология
Paperback	1. книга в бумажной обложке; 2. книга в мягкой обложке
Papers	1. записки; 2. переписка
Papyrus	1. *лат.* папирус; 2. рукопись на папирусе

Paradigmatic relationships	парадигматические отношения
Paragraph	1. параграф, абзац, абзацный отступ; 2. газетная заметка; 3. корректурный знак абзацного отступа; 4. разделять на абзацы; помещать маленькую заметку
Paragraph break	*см.* Paragraph indention
Paragraph indention	1. расположение от второй вертикальной линии на каталожной карточке; 2. абзацный отступ; красная строка
Paragraph mark	корректурный знак абзацного отступа (шестой знак сноски)
Parallel title	параллельное заглавие
Parallel translation	параллельный (тексту) перевод
Paraprofessional	Парапрофессионал – специально обученный сотрудник вспомогательного состава библиотеки, со средним специальным образованием или незаконченным высшим образованием (степень бакалавра). На этих сотрудников не возлагается принятие ответственных профессиональных решений. Как правило, их обязанности носят второстепенный характер, например, копирование каталожных записей или обработка и контроль периодических изданий или резервных коллекций. Как исключение, в США существует практика использования парапрофессионалов на должностях библиотекарей небольших библиотек или филиалов. Библиотечные должности парапрофессионалов: библиотекарь-техник и библиотекарь-лаборант. *См. также* library assistant and library technician
Parchment	1. пергаментный; 2. пергамент; 3. пергаментная бумага

Parchment binding	пергаментный переплёт
Parchment codex	пергаментная рукописная книга
Parchment leather	пергаментная кожа
Parchment manuscript	рукопись на пергаменте
Parchment paper	1. пергаментная бумага; 2. бумага, имитирующая пергамент
Parenthesis	1. круглая скобка; 2. вводное слово или предложение
Parish library	приходская библиотека
Parliamentary library	парламентская библиотека
Parliamentary papers	парламентские документы, парламентские материалы
Parochial library	см. Parish library
Part	1. часть (документа), составная часть (документа), выпуск, том; 2. партия (музыкального произведения)
Part binding	составной переплёт
Part issue	амер. издание в выпусках
Part title	см. Divisional title
Part-time employee	сотрудник, работающий на полставки
Part-time librarian	библиотекарь, работающий неполный рабочий день
Partial bibliography	выборочная библиография; выборочное библиографическое пособие
Partial contents note	примечание, дающее наиболее важные части содержания книги
Partial set	неполный комплект

Partial title	сокращённое заглавие, частичное заглавие (например, подзаголовок полного заглавия)
Password	*вчт.* пароль
Paste	1. клей, клейстер; 2. приклеивать, наклеивать, склеивать
Paste-down endpaper	часть форзаца, приклеенная к внутренней стороне переплётной крышки; внешний лист форзаца см. также Free endpaper
Paste-grain	венецианский сафьян
Paste-in	вклейка
Paste-up	монтаж
Pasteboard	картон
Pastedown	*см.* Paste-down endpaper
Pastiche	1. попурри; 2. стилизация
Pastime reading	развлекательное чтение
Pasting down	вставка
Pastoral	1. пасторальный; 2. пастораль
Patent	1. патент; 2. патентовать; 3. патентованный
Patent collection	патентный фонд
Patent file	картотека патентов
Patent information	патентная информация
Patent information service	патентно-информационная служба
Patent library	патентная библиотека
Patent office	патентное бюро
Patent specification	патентное описание
Patentee	владелец патента

Patron	*см.* Reader
Patronymic	отчество
Pattern recognition	распознавание образцов
Payment	оплата
PC	*см.* Personal computer
PDA	*см.* Personal Digital Assistant
Pedigree copy	мемориальный экземпляр (принадлежавший известному лицу)
Peer review	экспертная оценка
Peer-to-Peer networking	*вчт.* Соединение равноправных узлов (дословно – «один на один»); одноранговые, децентрализованные или пиринговые компьютерные сети, основанные на равноправии участников. В таких сетях отсутствуют выделенные серверы, а каждый узел (peer) является как клиентом, так и сервером. *См. также* BitTorrent
Pegboard display panel	выставочный стенд
Pen-name	псевдоним
Penalty	штраф
Penny edition	дешёвое издание
Penny-dreadful	1. дешёвый сенсационный роман; 2. дешёвый журнал увлекательных рассказов для детей
Perfecting	1. *полигр.* печатание на оборотной стороне лица; 2. двусторонняя печать
Perforated card	перфокарта
Perforated tape	перфолента
Perforating	перфорирование
Perforating stamp	дыропробивной штамп

Англо-русский словарь — Periodicals department

Perforation	перфорация
Perforator	перфоратор
Period	1. период; 2. эпоха; 3. *см.* Full stop; 4. типографский знак
Period bibliography	библиография литературы определённого периода
Period map	историческая карта
Period printing	стилизованное оформление (в стиле эпохи, в которую книга была впервые издана или с которой связано её содержание)
Period subdivisions	*см.* Chronological subdivision
Periodical	1. периодический; 2. периодическое издание
Periodical article	статья из периодического издания
Periodical bibliography	библиография периодики
Periodical case	*см.* Magazine case
Periodical checking card	регистрационная карточка периодики
Periodical index	указатель периодических изданий
Periodical press	периодическая печать
Periodical publication	периодическое издание
Periodical rack	*см.* Periodical stand
Periodical stand	стенд для периодики
Periodicals checklist	список периодических изданий
Periodicals collection	фонд периодических изданий
Periodicals department	отдел периодических изданий

Periodicals librarian	1. заведующий отделом периодики; 2. библиотекарь отдела периодики
Periodicals library	библиотека периодических изданий
Periodicals reading room	читальный зал периодики
Periodicity	периодичность (издания)
Peripheral (device)	*вчт.* внешнее устройство; периферийное устройство
Permanence	долговечность (бумаги)
Permanent display	постоянная выставка; стационарная выставка
Permanent employee	постоянный штатный сотрудник (библиотеки)
Permanent exhibition	постоянная выставка; стационарная выставка
Permanent paper	долговечная бумага
Permanent-durable paper	*см.* Permanent paper
Permuted index	пермутационный указатель
Persian Morocco	персидский сафьян
Persistent Uniform Resource Locator	*вчт.* Постоянный URL, постоянный унифицированный указатель ресурса (в отличие от обычного URL не может измениться)
Person index	указатель лиц; персональный указатель
Personal author	индивидуальный автор
Personal authorship	индивидуальное авторство
Personal collection	частное собрание, личное собрание
Personal computer, PC	*вчт.* персональный компьютер, ПК, персональная ЭВМ, ПЭВМ

Personal copy	авторский экземпляр
Personal Digital Assistant	*вчт.* карманный персональный компьютер, КПК
Personal item	биографическая газетная заметка
Personal library	частная библиотека, личная библиотека
Personal loan	индивидуальный абонемент
Personal name	*см.* Given name
Personnel	персонал (библиотеки); штат; кадры
Personnel department	отдел кадров
Personnel management	управление персоналом
Pertinence	пертинентность
Pest	вредитель (книжный)
Phase	фаза (в классификации)
Phase box	футляр для книги, применяемый при фазовой защите изданий
Philosophy of librarianship	философия библиотечного дела
Phono-document	фонодокумент
Phonograph	фонограф
Phonograph record	звукозапись
Phonograph record library	фонотека
Photo	1. фотоснимок; 2. фотографировать
Photo-document	фотодокумент
Photo-offset	фотоофсетная репродукция
Photoblog	*вчт.* Фото-блог (Веб сайт для обмена фотографиями, например, flickr.com, fotki.yandex.ru). см. также Blog and Vblog

Photocharging	*см.* Photographic circulation system
Photocomposition	фотонабор
Photocopier	*см.* Photocopying machine
Photocopy	1. фотокопия; 2. фотокопировать
Photocopy service	служба фотокопирования; обслуживание по фотокопированию
Photocopying machine	фотокопировальная машина
Photograph	1. фотоснимок, фотография; 2. фотографировать
Photograph collection	фототека
Photograph library	фототека
Photographic circulation system	фоторегистрация выдачи книг по абонементу
Photography	фотография
Photogravure	фотогравюра
Photolithograph	фотолитография
Photolithography	фотолитография
Photomontage	фотомонтаж
Photomosaic	аэрофотокарта, смонтированная из отдельных кадров
Photostat	фотостат
Phototype	фототипия
Phrase-book	разговорник
Physical description area	область количественной характеристики
Physical volume	переплётная единица
Pi	смешанный шрифт
Pictograph	пиктограмма

Pictography	пиктография, пиктографическое письмо
Pictorial	1. иллюстрированное издание; 2. изобразительный; иллюстрированный
Pictorial document	изобразительный документ
Pictorial map	иллюстрированная карта
Pictorial publication	иллюстрированное издание
Picture	1. картина; рисунок; портрет; картинка; изображение; 2. *амер.* кинофильм; кино(картина); 3. описывать; изображать
Picture collection	*см.* Picture file
Picture file	1. собрание изобразительных материалов (картин, рисунков, иллюстраций и т.п.); 2. картотека графических изданий
Picture postcard	художественная открытка
Picture writing	*см.* Pictography
Picture-book	книжка с картинками
Pie	*см.* Pi
Piece	1. печатная единица (как часть собрания или комплекта); 2. отрывок, фрагмент
Pigeonhole classification	система группировки материала «гнездовым способом»
Piracy	нарушение авторского права
Pirate	1. нарушитель авторского права; плагиатор; 2. публиковать в нарушение авторских прав; совершать плагиат
Pirate reprint	незаконная перепечатка
Pirated edition	незаконное издание
Placard	1. плакат, афиша; 2. рекламировать плакатами
Place name index	указатель географических названий

Place of manufacture	место печатания; место печати
Place of printing	*см.* Place of manufacture
Place of publication	место издания
Place subdivision	*см.* Geographic subdivision
Plagiarism	плагиат
Plagiarist	плагиатор
Plagiarize	совершать плагиат
Plain binding	гладкий переплёт (без надписей и украшений)
Plan	1. план; чертёж; проект; схема; диаграмма; 2. планировать
Plan paper	*см.* Map paper
Planning of library work	планирование библиотечной работы
Plastic	переплёт с корешком, скреплённым пластмассовой скобой
Plat	*амер.* план или карта в горизонтальной плоскости
Plate	1. эстамп, гравюра; 2. вкладная иллюстрация; 3. гальваноклише; 4. печатная форма
Plates volume	том с иллюстрациями к тексту
Plating	наклейка (ярлыков и т.п. на книги)
Playbill	театральная афиша или программа
Playbook	сборник пьес
Playlet	небольшая пьеса
Playscript	рукопись пьесы
Playwright	драматург

Англо-русский словарь

Pledge	1. залог, заклад; 2. поручительство; 3. давать поручительство
Plus sign	знак присоединения
Pneumatic book carrier	пневматический транспортер книг
Pneumatic tubes	пневматическая почта
Pocket	1. *см.* Book pocket; 2. кармашек для карт, таблиц и т.п. (в конце книги)
Pocket edition	карманное издание
Podcast	Подкаст – аудио и видео материалы, размещенные на страницах Интернета
Podcasting	Подкастинг – размещение (распространение) медиа контента в Интернете
Poem	поэма, стихотворение
Poet	поэт
Poetry	поэзия, стихи
Point	1. точка, пункт; 2. типографический пункт (единица измерения в типографической системе мер); 3. ставить знаки препинания; указывать
Point system	типографическая система мер, типометрия
Pointillé	*фр.* переплётный пунктарный орнамент (имел распространение в XVII веке)
Pointing	пунктуация, расстановка знаков препинания
Polite	изящная литература
Political literature	политическая литература
Political map	политическая карта
Polyglot	1. многоязычный; 2. полиглот, книга с параллельным текстом на нескольких языках

Polyglot dictionary   **Англо-русский словарь**

Polyglot dictionary	многоязычный словарь
Pool	объединенный книжный фонд
Popular edition	популярное издание, массовое издание
Popular library	общедоступная библиотека; массовая библиотека
Popular name	1. популярное имя; 2. популярное наименование; 3. наименование коллективного автора, принятое в описании
Population map	карта плотности населения
Pornography	порнография
Portable computer	*см.* Laptop computer
Portable device	Портативное устройство небольшого размера (например, MP3 проигрыватель, мобильный телефон)
Portable edition	карманное издание
Portable shelving	передвижная система полок
Portable typewriter	портативная пишущая машинка
Portfolio	1. папка; 2. портфель
Portolan chart	старинная рукописная морская карта для плавания в прибрежных водах
Portrait	портрет
Positive	позитивное изображение
Possession stamp	печать владельца (библиотеки)
Possible purchase file	*см.* Desiderata
Post	1. почта; 2. отправлять по почте
Post free	без оплаты почтовых расходов
Post octavo	формат книги = 8 x 5 дюймов

Англо-русский словарь

Post office	почтовое отделение, почта
Post-coordinated indexing	посткоординатное индексирование
Post-dated (book)	книга, датированная поздним числом
Postage	почтовые расходы
Postal	1. почтовый; 2. *амер.* почтовая открытка
Postal lending service	заочный библиотечный абонемент
Postcard	открытка, почтовая открытка
Poster	постер, плакат
Posthumous edition	посмертное издание
Postscript	постскриптум; приписка
Practical guide	практическое руководство
Practical work	практика, практическая работа (студентов в библиотеке)
Practice	1. практика; 2. проходить практику
Practicing librarian	библиотекарь-практик
Prayer book	молитвенник
Pre-coordinated indexing	предкоординатное индексирование
Pre-coordination	предкоординация
Pre-library bound (book)	книга, переплетённая в библиотечный переплёт до её продажи
Pre-publication cataloging	каталогизация книг до выхода их из печати
Pre-publication price	ориентировочная цена
Preamble	1. введение, вступительная статья, преамбула; 2. писать вступительную статью

Precision ratio	точность поиска (документов)
Predecessor	1. предшественник; 2. предыдущее издание
Preface	авторское предисловие
Preliminaries	*см.* Front matter
Preliminary cataloging	предварительная каталогизация
Preliminary edition	предварительное издание
Preliminary leaf	чистый лист (в начале книги); листок сборного листа
Preliminary matter	*см.* Front matter
Prelims	*см.* Front matter
Preprint	*полигр.* препринт; сигнальный экземпляр
Presentation copy	дарственный экземпляр; *см. также* Inscribed copy
Preservation	1. сохранность (фонда); 2. хранение (фонда); 3. гигиена (фонда)
Preserve	сохранять (книги); охранять (книги)
Press	1. печать, пресса; 2. пресс, печатный станок; 3. издательство; 4. журналистика; 5. прессовать; 6. печатать
Press agency	газетное агентство, агентство печати
Press agent	агент по делам печати
Press conference	пресс-конференция
Press copy	*см.* Review copy
Press notice	1. газетное объявление; 2. информационный материал для газет
Press number	номер печатного станка (в изданиях 1680-1823 г.г.)
Press proof	*полигр.* сигнальный экземпляр

Press release	сообщение для печати, пресс-релиз
Press-clipping	газетная вырезка
Pressman	1. журналист, газетчик, репортёр; 2. печатник
Presswork	печатание
Preview	1. предварительный просмотр, премьера; 2. сообщение о книге до её выхода
Price	1. цена; 2. оценивать
Price list	прайслист
Price of subscription	подписная цена
Prima	1. первое слово страницы, повторно напечатанное в конце предыдущей страницы; 2. знак перерыва в чтении
Primary document	первичный документ
Primary publication	1. опубликование оригинальных трудов (не издававшихся ранее); 2. первичная публикация
Primary source	первоисточник
Primer	1. букварь, азбука; 2. молитвенник
Principal personal author	ведущий автор
Print	1. печать, отпечаток, оттиск, штамп; 2. печатная фора; 3. печатная продукция; 4. гравюра, эстамп; 5. фотокарточка; 6. печатать, публиковать; 7. писать печатными буквами; 8. делать оттиск
Print collection	собрание гравюр, эстампов
Print division	отдел гравюр, эстампов
Print material	печатное издание, печатный материал
Print run	тираж
Printed book	печатная книга

Printed catalog	печатный каталог
Printed catalog card	печатная каталожная карточка
Printed item	печатная единица
Printed matter	издательская продукция
Printed music	нотное издание
Printed publication	печатное издание
Printed sheet	печатный лист
Printed text	текстовое издание
Printer	1. печатник; 2. принтер; 3. печатающее устройство
Printer's flower	*см.* Fleuron
Printer's mark	типографская марка
Printer's device	*см.* Printer's mark
Printer's imprint	выпускные данные
Printing	1. печатание, печать; 2. печатное дело; 3. печатное издание; 4. отпечаток, оттиск; 5. *полигр.* завод (часть тиража)
Printing block	*полигр.* клише, форма высокой печати
Printing business	книгопечатное дело, типографское дело
Printing date	дата печатания
Printing history	перечень предыдущих изданий книги
Printing house	*см.* Printing office
Printing industry	полиграфия
Printing office	типография
Printing plate	*полигр.* печатная форма, клише
Printing press	*полигр.* печатный станок; печатная машина
Printing type	типографский шрифт
Printout	1. *вчт.* распечатка; 2. *полигр.* оттиск

Prison library	тюремная библиотека
Privacy	прайвеси; приватность; неприкосновенность частной жизни; право личности на информационное самоопределение; конфиденциальность (комп.). *См. также* Confidentiality
Private circulation	для ограниченного распространения
Private collection	частная коллекция, частное собрание (книг)
Private edition	собственное издание
Private library	1. частная библиотека; 2. личная библиотека
Private press	некоммерческая типография; частная типография
Privately illustrated	*см.* Extra-illustrated
Privately printed (edition), p.p.	собственное издание
Procedure manual	служебная инструкция
Proceedings	1. протоколы; 2. труды; учёные записи (научных обществ, учреждений и т.п.)
Process	1. процесс; 2. библиотечная обработка книг; 3. обрабатывать (книги)
Process color printing	*см.* Color printing
Process embossing	*см.* Embossing
Process engraving	фотоцинкография
Processing	обработка
Processing department	отдел обработки (книг)
Processor	*см.* Central processing unit

Proctor Order	прокторский порядок расстановки инкунабул, разработанный Р. Проктором (хронологическая расстановка книг по странам, внутри стран по месту издания, внутри мест издания по именам печатников)
Professional association	профессиональная ассоциация
Professional books	книги по специальным отраслям знания, профессиональные книги
Professional ethics	профессиональная этика
Professional literature	отраслевая литература, профессиональная литература
Professional reading	профессиональное чтение
Profile	библиографический очерк
Program	*вчт.* Программа
Program compatibility	*вчт.* программная совместимость
Programmer	*вчт.* программист
Programming	*вчт.* программирование
Programming language	*вчт.* язык программирования
Prohibited book	запрещённая книга
Projector	проекционный аппарат
Pronouncing dictionary	орфоэпический словарь, фонетический словарь
Proof	1. *полигр.* корректура; оттиск; гранка; 2. контрольный отпечаток (с негатива)
Proof correction symbols	знаки корректурной правки
Proof corrections	корректурная правка
Proof reader	корректор

Proof reader's marks	*см.* Proof corrections symbols
Proof sheet	*полигр.* корректурный оттиск
Proper name	имя собственное
Property mark	книговладельческий знак
Prospectus	проспект
Prototype	прототип (оригинал, с которого снимаются копии)
Provenance	происхождение, источник (книги и т.п.)
Provider	*вчт.* провайдер
Provincial library	провинциальная библиотека
Provisional edition	предварительное издание
Provisional library services	дополнительные библиотечные услуги
Psalm-book	*см.* Psalter
Psalter	псалтырь
Pseudonym	псевдоним
Pseudonymous work	произведение, опубликованное под псевдонимом
Public Access Catalog	*см.* On-line Public Access Catalog
Public catalog	читательский каталог
Public document	*см.* Government publication
Public library	публичная библиотека; общедоступная библиотека; массовая библиотека
Public relations	связи с общественностью, пиар
Public relations department	отдел массовых мероприятий
Public services	обслуживание читателей

Public services department	отдел обслуживания читателей
Publication	издание; публикация
Publication date	год издания, выходная дата
Publication day	1. день выхода периодического издания; день выхода новой книги
Publication size	объём издания
Publish	публиковать; опубликовать; издавать
Publisher	издатель; издательство
Publisher's annotation	издательская аннотация
Publisher's binding	*см.* Edition binding
Publisher's catalog	издательский каталог
Publisher's cloth	тканевый издательский переплёт
Publisher's device	*см.* Publisher's mark
Publisher's dummy	издательский макет книги
Publisher's imprint	выходные данные
Publisher's list	издательский каталог
Publisher's mark	издательская марка
Publisher's series	издательская серия
Publishing	1. издательское дело; 2. опубликование
Publishing house	издательство
Publishing market	книжный рынок
Publishing trade	издательское дело
Pull	1. *полигр.* пробный оттиск; 2. делать пробный оттиск

Pull technology	*вчт.* технология "вытягивания" информации, технология извлечения информации (технология получения данных, согласно которой пользователь должен самостоятельно затребывать данные, например, поиск в Веб). *См. также* push technology
Pulp	1. макулатура; 2. амер. дешёвый журнал
Punch	перфоратор, дырокол; *см. также* Hole puncher
Punch card	перфокарта
Punched tape	перфолента
Punctuation	условные разделительные знаки, пунктуация
Purchase	1. покупка; 2. покупать
Purchase order	заказ на покупку (произведений печати)
Pure notation system	чистая индексация, однородная индексация
PURL	*см.* Persistent Uniform Resource Locator
Push technology	*вчт.* технология "проталкивания" информации; технология оперативной доставки информации; push-технология (технология распространения данных, при которой данные автоматически доставляются пользователю). *см. также* pull technology

Q

Quad	*полигр.* квадрат (строчный пробельный материал)
Quadrat	*см.* Quad
Qualifier	1. релятор (пояснительная помета, сопровождающая лексическую единицу информационно-поискового языка); 2. идентифицирующие признаки
Qualitative research	качественное исследование
Quality of library service	качество библиотечного обслуживания
Quality paperback	*см.* Trade paperback
Quantitative research	количественное исследование
Quarter binding	составной переплёт (с корешком и примерно одной восьмой частью сторонок крытыми одним материалом и оставшейся частью сторонок другим)
Quarter leather (binding)	составной переплёт с кожаным корешком и примерно одной восьмой частью сторонок и оставшейся частью сторонок из другого материала
Quarterly	1. квартальное издание, ежеквартальное издание; 2. квартальный
Quarto	*лат.* ин-кварто (формат издания в ¼ долю бумажного листа)
Query	1. запрос; 2. вопросительный знак (в корректуре)
Question mark	вопросительный знак
Question negotiation	уточнение читательского запроса

Questionnaire	анкета, опросный лист
Questionnaire survey	анкетирование
Quick-reference book	*см.* Ready-reference book
Quire	1. десть (24 листа, в метрической системе 50 листов); 2. сфальцованный печатный лист
Quotation	цитата
Quotation book	словарь цитат
Quotation marks	кавычки
Quotes	*см.* Quotation marks

R

Rack	выставочная витрина, выставочный стенд
Radial stacks	*см.* Radiating stacks
Radiating stacks	книгохранилище с веерным размещением стеллажей
Radio frequency identification	радиочастотная идентификация - технология автоматической идентификации объектов, в которой посредством радиосигналов считываются или записываются данные, хранящиеся в транспондерах, или ретрансляционных-метках. см. также RFID-tag and Transponder
Rag book	*см.* Cloth book
Range	1. двусторонний стеллаж; 2. интервал, диапазон
Rare book	редкая книга
Rare edition	редкое издание
Rarity	1. редкость, исключительность (качество документа); 2. раритет
Readability	читабельность; удобочитаемость
Reader	1. читатель; абонент библиотеки; 2. корректор; 3. читальный аппарат; читающее устройство, читающий автомат; 4. книга для чтения, хрестоматия
Reader area	*см.* User area
Reader services	обслуживание читателей
Reader-printer	читально-копировальный аппарат
Reader's advisory	рекомендации по выбору литературы; руководство чтением
Reader's advisory bibliography	рекомендательная библиография; рекомендательное библиографическое пособие

Reader's card	*см.* Borrower's card
Reader's guide	путеводитель для читателя
Reader's request	читательский запрос
Reader's slip	читательское требование
Reader's ticket	*см.* Borrower's card
Readership	контингент читателей; читательская аудитория; число читателей какого-либо издания
Reading	1. чтение; 2. материалы для чтения; 3. начитанность
Reading circle	читательский кружок для совместного чтения
Reading course	программа чтения
Reading list	рекомендательный список
Reading room	1. читальный зал; 2. *полигр.* корректорская
Reading table	стол для чтения
Readout	*вчт.* считывание
Ready reference	быстрая несложная справка
Ready-reference book	справочник для выполнения быстрых справок
Real name	подлинное имя (*напр.*, автора)
Really Simple Syndication	*вчт.* Очень простая одновременная публикация контента на нескольких веб-узлах. RSS – разновидность XML формата для распространения веб-контента
Rearrange	переставлять (*напр.*, книги)
Rearrangement	перестановка (*напр.*, книг)
Reback	заменять корешок книги или реставрировать его
Rebind	переплетать заново
Rebound	переплетённый заново

Recall	1. требовать возврата документа; 2. требование возврата документа; 3. коэффициент полноты (выдачи); 4. *вчт.* выборка (данных)
Recall notice	извещение о необходимости возврата документа в библиотеку
Recall ratio	*см.* Recall 3
Recase	1. приклеивать оторванный переплёт; 2. переплетать вторично
Recataloging	рекаталогизация
Receiving desk	*см.* Circulation desk
Recension	исправленная редакция текста
Recent	недавний, новый, свежий, последний (о выпуске, книге и т.п.)
Reclassification	1. пересистематизация; 2. реклассификация
Record	1. официальный документ; 2. *вчт.* запись; 3. видео- или аудиозапись; 4. грампластинка, звукозапись; 5. записывать (звук, изображение или информацию иного рода на какой-либо вид носителя); *см. также* Bibliographic record
Record library	фонотека
Recording Industry Association of America	Американская ассоциация звукозаписывающих компаний
Records	1. записки, летопись, анналы; 2. отчеты, архив, собрание документов
Records of additions and withdrawals	книга суммарного учета фонда, книга движения фондов
Recreational book	книга для легкого чтения, развлекательная книга

Recreational reading	развлекательное чтение
Recto	*лат.* ректо (правая, нечетная страница), лицевая сторона листа; *см. также* Verso
Redaction	1. редактирование; 2. редакция (текст, получивший обработку)
Reduction	уменьшенная копия
Redundant information	избыточная информация
Reference	1. ссылка; 2. библиографическая ссылка
Reference aids	справочно-поисковый аппарат, СПА
Reference and information service	1. справочно-информационное обслуживание, СИО; 2. справочно-информационная служба
Reference book	1. справочная книга; 2. книга, выдаваемая для пользования только в помещении библиотеки
Reference card	ссылочная карточка
Reference collection	фонд справочных изданий; справочный фонд
Reference department	справочный отдел; справочно-библиографический отдел
Reference desk	справочный стол; место дежурного библиографа
Reference interview	приём запроса
Reference librarian	библиограф, осуществляющий справочное обслуживание
Reference mark	знак сноски
Reference material	справочный материал
Reference matter	*см.* Subsidiaries

Reference question	справочно-библиографический запрос, запрос потребителя информации
Reference service	1. справочное обслуживание; справочно-библиографическое обслуживание, СБО; *см. также* Information service; 2. справочно-информационная служба
Reference source	документ, используемый для выполнения справки
Reference transaction	процесс справочно-библиографического обслуживания
Reference work	1. справочно-библиографическая работа; 2. справочное издание
References	список цитированной литературы, цитированная литература
Regional bibliography	1. региональная библиография; 2. региональное библиографическое пособие
Regional catalog	сводный региональный каталог
Regional library	зональная библиотека; региональная библиотека; районная библиотека; областная библиотека
Regional library system	*англ.* региональная библиотечная система (объединение библиотек в целях межбиблиотечного абонемента)
Regional union catalog	*см.* Regional catalog

Register	1. регистрировать; 2. ленточка-закладка, ляссе; 3. регистрационная книга (журнал); официальный список; регистрационный библиографический указатель (список); регистрационное библиографическое пособие; 4. *полигр.* приводка (совмещение всех красок при многокрасочной печати); 5. *полигр.* контрольная метка (на корешке каждой тетради блока); 6. последовательный перечень тетрадей книжного блока (в конце старопечатных книг, служивший указанием для переплётчика)
Register volume	том, содержащий указатели (к изданию)
Registration	регистрация (читателей, документов, библиотеки)
Registration card	регистрационная карточка читателя (пользователя)
Registration fee	плата, вносимая читателем при записи в библиотеку
Reglet	пробельный материал из дерева
Regular reader	постоянный читатель
Regulations	правила, устав (библиотеки); *см. также* Library regulations
Reimposition	*полигр.* переверстка
Reinforced binding	переплёт повышенной прочности
Reissue	1. переиздание; 2. переиздавать
Related term	родственный термин; *см. также* Broader term, Narrower term, Used for
Relation	1. повествование; 2. английская брошюра с описанием какого-либо события (предшественник газеты); 3. отношение (например, индексов)

Англо-русский словарь   Report literature

Relative classification	многоаспектная классификация
Relative humidity	относительная влажность
Relative index	*амер.* относительный указатель (особый вид указателя к системе классификации, показывающий взаимосвязь между делениями классификации, независимо от расположения рубрик)
Relative location	подвижная расстановка
Relevance	релевантность
Relief printing	1. рельефная печать; 2. высокая печать
Remainder	нераспроданные остатки тиража книг (продаваемые издательством по сниженной цене); *см. также* Job lot
Remote access	*вчт.* удалённый доступ, теледоступ
Renew	1. продлить (срок возврата книги, заказ и т.п.); 2. возобновить (подписку); 3. обновлять (фонд)
Renewal	1. продление срока; 2. возобновление (подписки); 3. перерегистрация (читателя); 4. обновление (фонда)
Rental book	книга, выдаваемая для чтения по абонементу за плату
Rental fee	абонементная плата
Repairing	ремонт (документа); *см. также* Mending
Replace	заменять (книгу)
Replacement	1. замена (документа); 2. замещающая копия
Replica	репродукция, факсимиле
Report	1. доклад, отчет, сообщение; 2. докладывать, составлять отчет, делать сообщение
Report literature	доклады

Repository	1. книгохранилище; 2. книжный склад
Reprint	1. перепечатка; репринт; стереотипное издание; 2. отдельный оттиск; 3. перепечатывать
Reprint edition	репринтное издание
Reprint series	серия, состоящая из репринтных изданий
Reprinted article	перепечатанная статья (с новой пагинацией)
Reproduction	1. репродуцирование; воспроизведение (документа); 2. репродукция
Reprography	репрография
Request card	*см.* Suggestion card
Request form	требовательный листок, требование
Required reading	обязательная для чтения литература (в учебном заведении)
Research carrel	*см.* Carrel
Research library	исследовательская библиотека
Research report	отчет о научно-исследовательской работе
Research service	исследовательская служба
Resensitizer	реактиватор - прибор для повторной активации немагнитных носителей информации. *См. также* Desensitizer
Reservation	1. резервирование, бронирование (книг), предварительный заказ (книг); 2. забронированная книга, заказанная книга
Reserve	1. *см.* Reserve collection; 2. оставлять, откладывать, бронировать (книги для читателя)
Reserve collection	резервный фонд; запасной фонд
Reserved book	забронированная книга, заказанная книга
Reset button	кнопка сброса

Англо-русский словарь

Reshelf	1. возвращать книги на полки; 2. переставнавливать книги на полках
Residence library	*см.* Dormitory library
Resource center	центр хранения информации (в школах и колледжах)
Resource sharing	коллективное использование ресурсов
Resources	фонды (библиотеки)
Respondent	диссертант
Response time	*вчт.* время ответа; время реакции (системы)
Restoration	реставрация (документа)
Restricted book stacks	книжные фонды с закрытым доступом
Restricted documents	документы ограниченного пользования
Restricted loan	выдача книг с ограничениями (в отношении количества, сроков и т.п.)
Résumé	*фр.* 1. резюме; 2. конспект
Retail price	розничная цена
Retail sale	розничная продажа
Retouching	*полигр.* ретушь, ретуширование
Retrieval	1. поиск (данных); 2. выборка (данных)
Retrieval device	*вчт.* поисковое устройство
Retrieval system	*вчт.* поисковая система
Retrospective bibliography	1. ретроспективная библиография; 2. ретроспективное библиографическое пособие
Retrospective catalog conversion	ретроспективная конверсия каталога
Retrospective conversion	ретроспективная конверсия

Return	1. возврат (книги); 2. возвращенная книга; 3. возвращать
Return date	дата возврата книги
Return desk	кафедра приема книг
Returns	возврат издательству нереализованной продукции
Review	1. обзор; 2. рецензия; 3. обзорное издание; 4. рецензировать
Review copy	экземпляр для отзыва (посылаемый издательством бесплатно)
Reviewing	рецензирование
Revise	1. пересмотр; исправление; 2. *полигр.* вторая корректура; 3. исправлять, пересматривать
Revised edition	переработанное издание; пересмотренное издание
Revised proof	вторая корректура
Reviser	1. *полигр.* ревизионный корректор; 2. редактор каталога
Revision	1. пересмотр; исправление; 2. *полигр.* сверка (корректура); 3. редактирование (каталога)
Revolving bookcase	книжный шкаф-турникет
RFID	*см.* Radio frequency identification
RFID reader	Радиочастотный считыватель - прибор для считывания информации с ретрансляционных меток и записывания в них данных
RFID tag	Ретрансляционная или RFID-метка. *См. также* Transponder
RIAA	*см.* Recording Industry Association of America

Англо-русский словарь

Right-hand page	1. нечётная страница; 2. лицевая сторона листа
Rigid cover	жесткий переплет
Ring network	*вчт.* кольцевая сеть (топология сети ЭВМ, при которой каждый узел связан с двумя другими; все узлы вместе образуют кольцо)
Road map	дорожная карта; план (города)
Roan	тонкая баранья переплётная кожа
Roll	1. свиток; 2. катушка
Rolling bookcase	передвижной книжный шкаф
Roman	*полигр.* антиква (шрифт); прямой шрифт; латинский шрифт
Roman alphabet	латинский алфавит; латиница
Roman numeral	римская цифра
Romanization	латинизация, романизация
Ronde	*фр.* рондо (шрифт)
Rotary camera microfilming	ротационная съемка
Rotogravure	*полигр.* ротационная глубокая печать
Rotunda	*см.* Gothic type
Rough edges	неровные обрезы (книги)
Rough paper	бумага с шероховатой поверхностью
Round back	круглый корешок (книги)
Round brackets	*см.* Parentheses 1
Roundtable	«круглый стол»
Routing	распределение изданий по отделам библиотеки
Routing slip	путевка журнала с маршрутными данными
RSS	*см.* Really Simple Syndication

RSS feed	Система оповещения о новой информации на часто обновляемых страницах Интернета
Rubric	рубрика
Rubrication	рубрикация
Rubricator	рубрикатор
Ruled catalog card	линованная каталожная карточка
Rules for readers	правила пользования библиотекой
Run	1. *полигр.* тираж; 2. годовая подборка периодического издания
Rune	руна (буква рунического алфавита)
Runic alphabet	рунический алфавит
Running head	переменный колонтитул
Running headline	*см.* Running title
Running number	порядковый номер
Running title	колонтитул
Rural library	сельская библиотека
Rush book	книга, подлежащие срочной обработке
Rustic capital	прописная буква, встречающаяся в старинных рукописях

S

S.l.	*см.* Sine loco
Sacred scripture	священное писание
Saddle stitching	*полигр.* шитье внакидку
Sample copy	пробный экземпляр (книги)
Sample issue	пробное издание
Sample number	пробный номер (периодического издания)
San serif	гротесковый шрифт
Satellite broadcasting	спутниковое вещание
Scale	масштаб
Scan	1. просматривать; 2. *вчт.* сканировать, считывать
Scanner	*вчт.* сканер
Scanning	*вчт.* считывание; сканирование
Schedule	1. таблица (напр., классификации); 2. расписание, график; 3. перечень рубрик классификации; 4. лист; схема; 5. включать в таблицу, расписание, график
Schedules and tables	графики и таблицы
Scheduling	включение в график, расписание
Scheme	схема; система
Scholarly journal	научный журнал
Scholarly publishing	научное издательство
Scholarship	стипендия

School district library	*амер.* библиотека школьного района (бесплатная публичная библиотека для местного населения)
School edition	школьное издание
School librarian	1. библиотекарь школьной библиотеки; 2. заведующий школьной библиотекой
School library	школьная библиотека
School library assistant	помощник библиотекаря школьной библиотеки
School library media center	*см.* Media center
School library supervisor	*амер.* инспектор школьной библиотеки
Schwabacher	швабский шрифт
Science and engineering library	научно-техническая библиотека, НТБ
Science fiction	научная фантастика
Scientific and technical information, STI	научно-техническая информация, НТИ
Scientific and technical library	*см.* Science and engineering library
Scientific and technical literature	научно-техническая литература
Scientific communications	научная коммуникация
Scientific information	научная информация
Scientific library	научная библиотека
Scientific literature	научная литература

Англо-русский словарь

Scientific, technical, and medical literature, STM	научная, техническая и медицинская литература
Scientometrics	наукометрия
SCOLE	*см.* Standing Committee on Library Education
Score	партитура
Scrap	газетная вырезка
Screen	1. экран; 2. растр (в репродуцировании); 3. кинофильм
Script	1. рукопись; 2. полигр. рукописный шрифт; 3. сценарий
Scroll	свиток
SDI	*см.* Selective dissemination of information
Sealskin	тюленья кожа (переплётная)
Search	1. разыскание, поиск; 2. искать, разыскивать
Search characteristic	*вчт.* поисковый признак
Search engine	*вчт.* поисковое средство, поисковая система (в Интернет)
Search Engine Optimization	оптимизация поисковых движков
Search record	картотека источников, использованных при выполнении справки
Search specification	поисковое предписание
Search strategy	стратегия поиска
Search system	поисковая система
Search term	поисковый термин
Searching	поиск

Second Life	*вчт.* Вторая Жизнь (http://secondlife.com/). Трехмерное виртуальное пространство в Интернете, в котором пользователи создают как искусственные миры, так и имитацию реального мира. Библиотеки и учебные заведения используют это виртуальное пространство для образовательных целей создавая там виртуальные библиотеки и учебные классы
Second-hand book	1. подержанная книга; 2. букинистическая книга
Secondary source	вспомогательный источник, дополнительный источник
Secret literature	*см.* Clandestine literature
Secret press	*см.* Clandestine press
Section	1. параграф; часть, раздел (книги); 2. отдел, подразделение (в классификации); 3. *полигр.* книжный блок; сфальцованный лист; 4. отдел, секция (структурное подразделение в библиотеке); 5. секция (полки между двумя вертикальными стойками яруса книгохранилища)
Section mark	знак параграфа
Section title	*см.* Divisional title
Security strip	*вчт.* Защитная полоска – электромагнитный датчик прикрепляемый к библиотечным печатным материалам, компакт-дискам, DVD и записанным магнитным носителям для защиты против несанкционированного выноса. Если полоска не деактивирована, срабатывает сигнал тревоги когда предмет с полоской защиты проносится через систему обнаружения
"See also" reference	ссылка «см. также»

"See" reference	ссылка «см.», общая ссылка, отсылка
Selected works	избранные сочинения
Selection	отбор (документов)
Selective bibliography	1. выборочная библиография; 2. выборочное библиографическое пособие
Selective Dissemination of Information, SDI	избирательное распространение информации, ИРИ
Selective list of references	выборочный библиографический список
Self-charging system	система выдачи книг, при которой читатель самостоятельно регистрирует взятые им документы
Self-checkout	самовыдача
Self-checkout Station	станция самообслуживания книговыдачи
Self-education	самообразование
Self-financing	самофинансирование; хозяйственный расчет
Semantic code	*вчт.* семантический код
Semantic factor	семантический фактор
Semantic information	семантическая информация
Semantic web	семантическая паутина, семантический веб
Semantics	семантика
SEO	*см.* Search Engine Optimization
Separate	*см.* Offprint
Separate pagination	раздельная пагинация
Separatum	*лат.* отдельный оттиск
Sequel	продолжение

Serial	1. сериальное издание; 2. продолжающееся издание; 3. *амер.* периодическое издание
Serial catalog	каталог сериальных изданий
Serial number	номер сериального издания; серийный номер
Serial publication	сериальное издание
Serial record	регистрация выпусков сериальных изданий
Serial set	комплект продолжающегося издания
Serial title	название сериального издания
Serials department	отдел периодических изданий
Series	1. серия; серийное издание; 2. отдельные выпуски серии
Series area	область серии
Series editor	редактор серии
Series entry	описание под названием серии; сводное серийное описание
Series note	примечание о серии
Series number	номер серии
Series statement	сведения о серии
Series title	заглавие серии
Series tracing	отслеживание серий
Serif	*полигр.* шрифт с засечками
Serve	обслуживать
Server	*вчт.* сервер
Service	обслуживание; *см. также* Library service
Service fee	плата за пользование библиотекой
Service point	пункт обслуживания

Англо-русский словарь — Shelf reading

Set	1. комплект; 2. подшивка; 3. *полигр.* набор; 4. серия; 5. *полигр.* набирать (шрифт)
Sewing	1. шитьё; 2. брошюрование
Sewn	сброшюрованный
SGML	*см.* Standard generalized markup language
SGML tag	метка языка SGML
Shaken (copy)	*амер.* дефектный экземпляр
Shared cataloging	кооперированная каталогизация
Sheaf binder	съёмный переплёт
Sheaf catalog	блок-карточный каталог; листовой каталог
Sheepskin binding	переплёт из бараньей кожи; пергаментный переплёт
Sheet	1. лист; 2. *полигр.* оттиск
Sheet music	ноты
Sheets	(книга) в листах, несброшюрованная
Shelf	полка
Shelf capacity	ёмкость фондохранилища; вместимость фондохранилища
Shelf checking	*см.* Shelf reading
Shelf classification	полочная классификация (система классификации для расстановки книг на полках библиотеки)
Shelf dummy	*см.* Dummy
Shelf guide	полочный разделитель
Shelf label	полочный разделитель
Shelf list	топографический каталог; топографическая опись
Shelf mark	*см.* Shelf number
Shelf number	полочный индекс
Shelf reading	*амер.* проверка расстановки книг на полках

Shelf support	боковая стойка полки
Shelve	расставлять книги на полках
Shelving	1. система стеллажей в книгохранилище; 2. расстановка книг на полках
Shelving arrangement	порядок расстановки документов на полках
Shelving by size	форматная расстановка фонда; *см. также* Compact shelving
Shelving space	площадь полок, стеллажей
Shift	переставлять (книги)
Shifting	перестановка книг
Short bibliographic description	краткое библиографическое описание
Short cataloging	упрощённая каталогизация
Short entry	библиографическая запись с кратким описанием
Short story	короткий рассказ
Short-loan collection	фонд документов, выдаваемых на короткий срок
Show	выставка; *см. также* Exhibit
Show case	выставочная витрина
Show room	выставочный зал
Side note	*полигр.* боковик, фонарик
Side stitch	шитьё втачку
Siderography	гравюра на стали
Sigillography	сигиллография (изучение печатей)
Sign	1. знак; 2. подписывать
Signal	1. сигнал; 2. рейтер; наездник

Signature	1. подпись; 2. сигнатура; 3. *полигр.* сфальцованный печатный лист; 4. *полигр.* тетрадь книжного блока
Signature mark	*см.* Signature 2
Signed copy	*см.* Autographed copy
Signed edition	*см.* Autographed edition
Silicon Valley	Силиконовая Долина. Журналистское клише для обозначения долины Санта-Клара в штате Калифорния вблизи Сан-Франциско (США)
Silk paper	шёлковая бумага
Silking	подклеивание повреждённых листов книги шёлковой тканью
Silvered edge	посеребрённый обрез книги
Simple number	простой индекс
Simple subject heading	простая предметная рубрика
Simplified cataloging	упрощённая каталогизация
Simplified processing	упрощённая обработка
Simultaneous users	*вчт.* пользователи, одновременно работающие с системой, базой данных и т.п.
Sine anno, S.a.	*лат.* без года
Sine loco et anno, S.l. et a.	*лат.* без места и года
Sine loco, S.l.	*лат.* без места
Sine nominee, S.n.	*лат.* без имени издателя
Single alphabetical sequence	единый алфавитный порядок
Single authorship	индивидуальное авторство

Single copy	единственный экземпляр
Single reference	*вчт.* одинарная ссылка
Single-volume publication	однотомное издание
Site search	*вчт.* поиск по сайту
Size	1. размер; формат; 2. *полигр.* кегль (литеры); 3. клей
Sized paper	проклеенная бумага
Sketch	1. эскиз, набросок; 2. очерк
Skiver	тонкая баранья кожа
Slab serif	египетский шрифт
Slavica	«Славика» (славянская литература и литература о славянах)
Slide	слайд; диапозитив
Slide box	*см.* Slide case
Slide case	футляр для слайдов
Slide-on clip	рейтер, наездник
Sliding shelves	передвижные полки
Slip	1. полоска бумаги; 2. временная карточка
Slip case	открытый футляр для книги
Sloping shelf	наклонная полка (одна из нижних полок стеллажа, расположенная под наклоном для удобства обозрения стоящих на ней книг)
Small paper copy	малоформатный экземпляр книги
Small type	мелкий шрифт
Sobriquet	*фр.* прозвище, кличка
Social network	*вчт.* Социальные сети (сети общения) в Интернете
Social site	*вчт.* Сайт для общения пользователей Интернета

Social software	*вчт.* Программное обеспечение, позволяющее обмениваться информацией в социальной сети Интернета
Society publication	издание общества, ассоциации и т.п.
Soft cover	*см.* Paperback
Software	*вчт.* программное обеспечение
Software requirements	*вчт.* требования программного обеспечения
Solander	*см.* Solander case
Solander box	*см.* Solander case
Solander case	футляр, коробка в форме книги для хранения мелких изданий (изобретенная Д. Соуландером)
Solander cover	*см.* Solander case
Song-book	песенник, сборник песен
Sound cassette	кассета со звуковой записью, аудиокассета
Sound disc	звуковой диск, аудиодиск
Sound library	фонотека
Sound recording	звукозапись
Source	источник
Source code	*вчт.* исходный текст (программы)
Source material	*см.* Primary source
Source of bibliographic data	источник библиографических сведений
Source of information	источник информации
Space	1. место, пространство; 2. *полигр.* пробельный материал
Special collections	специальный фонд (обычно включает редкие и рукописные книги)

Special edition	специальное издание
Special issue	специальный выпуск
Special librarian	библиотекарь специальной библиотеки; библиотекарь отраслевой библиотеки
Special library	специальная библиотека; отраслевая библиотека
Special subdivisions	специальные типовые деления, СТД; специальные определители
Specific material designation	специфическое обозначение материала
Specification	спецификация
Specificity	специфичность (индексирования)
Specimen copy	пробный экземпляр
Specimen issue	пробное издание
Specimen page	пробная страница
Sphragistics	сфрагистика (изучение печатей)
Spine	корешок переплёта
Spine label	наклейка на корешке переплёта
Spine title	заглавие на корешке
Spiral binding	спиральное скрепление корешка
Spoiled letter	*см.* Damaged letter
Spread	разворот
Sprinkled edges	крапчатый обрез
Square	1. ширина книги, превышающая ¾ ее высоты; 2. кант (переплётной крышки)
Square brackets	квадратные скобки
Stab stitch	*см.* Side stitch
Stabbing	шитьё втачку; *см.* Side stitch
Stack	стеллаж

Англо-русский словарь

Stack capacity	емкость фондохранилища, вместимость фондохранилища
Stack level	*см.* Deck
Stacks	фондохранилище, книгохранилище;
Staff	штат; персонал
Staff development	повышение квалификации сотрудников
Staff manual	служебное руководство
Staff member	сотрудник, сотрудница
Staff training	обучение персонала
Stained edge	окрашенный обрез
Staining	пигментация (материальной основы документа)
Stall	кабина для научных занятий читателя в книгохранилище
Stamp	1. штамп, штемпель, печать; 2. оттиск, отпечаток; 3. марка; 4. штемпелевать; штамповать
Stamped leather	тиснёная кожа
Stamping	1. штемпелевание; 2. тиснение
Stand	стенд, выставочный щит
Standard	стандарт; норма
Standard catalog	типовой каталог
Standard classification number	типовой индекс
Standard generalized markup language, SGML	*вчт.* стандартный язык обобщенной разметки (описания) документов, язык и формат SGML
Standard number and terms of availability area	область международного стандартного номера книги или сериального издания, цены и тиража

Standard subdivisions	типовые деления
Standard title	*см.* Uniform title
Standardization	стандартизация
Standards for library services	нормативы работы библиотек
Standing committee	постоянная комиссия
Standing Committee on Library Education, SCOLE	Постоянная комиссия по библиотечному образованию
Standing order	подписка на длительный срок
Start	полигр. листы, выступающие из книжного блока (в результате неправильной брошюровки)
State bibliography	государственная библиография
State document	1. государственный документ; 2. государственное издание; 3 *амер.* издания органа управления штата
State information system	государственная информационная система
State librarian	*амер.* директор библиотеки штата
State library	1. государственная библиотека, ГБ; 2. *амер.* библиотека штата
State library agency	*амер.* библиотечный орган штата
State library system	государственная система библиотечного обслуживания
State publication	*см.* State document
Statement of responsibility	сведения об ответственности
Stationery	канцелярские принадлежности

Англо-русский словарь — Stopword list

Statistics	статистика
Steel engraving	гравирование на стали
Stemming	усечение слов
Stencil	шаблон, трафарет
Stencil duplicator	ротатор; *см. также* Mimeograph
Stenograph	стенограмма
Step-ladder	лестница-стремянка
Stereo	*см.* Stereotype
Stereoscopic slide	стереослайд
Stereotype	стереотип
Stereotyped edition	стереотипное издание
STI	*см.* Scientific and technical information
Stick	газетодержатель
Stiffened cover	жёсткий (твёрдый) переплёт
Stigmonym	стигмоним (многоточие вместо имени)
Stipple	пунктирная гравюра (рисунок)
Stippled edge	обрез книги, окрашенный «набрызгом»
Stippling	1. пунктирная гравюра; 2. шероховатая отделка бумаги
Stitch	брошюровать
Stitching	брошюровка, брошюрование (книг)
STM	*см.* Scientific, technical, and medical literature
Stock	фонд
Stock arrangement	структура фонда
Stopword	игнорируемые слова (исключённые из рассмотрения слова, не несущие смысловой нагрузки)
Stopword list	список игнорируемых слов

Storage	1. хранение документов, хранение (книг, информации); хранилище; книгохранилище; 2. *вчт.* внешняя память, внешнее устройство для хранения данных; *см. также* Memory
Storage conditions	режим хранения
Story hour	час рассказа (в детской библиотеке)
Storyteller	1. рассказчик; 2. автор рассказов
Strengthening	упрочнение (документа)
Strict alphabetical order	строгий алфавитный порядок
Strip cartoon	комикс; рассказ в картинках
Strip film	диафильм
Strong room	сейфовая комната. *см. также* Vault
Structural notation	структурная нотация
Stub	1. «зарез» текста книги при обрезе; 2. оставшийся в книге корешок изъятого листа; 3. полоска бумаги, вклеиваемая в корешок в местах толстых вклеек
Student assistant	студент учебного заведения, работающий в библиотеке этого учебного заведения
Study aid	учебное пособие
Study hall	научный читальный зал
Study of readers' interests	изучение читательских интересов
Sub-class	подкласс, подраздел (классификации)
Subdivision	1. подраздел; подразделение; 2. деление, определитель
Subfield	подполе
Subfield code	код подполя
Subfield delimiter	разделитель подполя

Subheading	подзаголовок; подрубрика
Subject	тема; предмет (*напр.*, книги)
Subject access	предметный доступ
Subject arrangement	предметное расположение (*напр.*, библиографических записей); предметная расстановка (фонда)
Subject bibliography	1. отраслевая библиография; тематическая библиография; 2. предметное библиографическое пособие; предметный библиографический список (указатель)
Subject catalog	предметный каталог, ПК
Subject cataloger	каталогизатор, работающий с документами по определенному предмету
Subject category	предметная категория
Subject classification	предметная классификация
Subject department	отраслевой отдел библиотеки
Subject entry	запись под предметной рубрикой
Subject field	предметная область
Subject guide	предметный указатель/список документов
Subject heading	предметная рубрика, ПР
Subject index	предметный указатель, ПУ
Subject indexing	предметизация
Subject note	примечания о предмете книги
Subject order	предметный порядок
Subject search	предметный поиск
Subject term	тематический термин
Subordination	подчинение; соподчинение (в классификации)
Subprogram	*вчт.* подпрограмма

Subscriber	1. подписчик; 2. читатель платной библиотеки
Subscription	подписка
Subscription edition	подписное издание
Subscription library	*англ.* платная библиотека
Subscription price	подписная цена
Subset	подмножество
Subsidiaries	аппарат издания
Subtitle	подзаголовок; подзаголовочные данные
Suggestion card	карточка с предложением приобретения документа
Summary note	резюме
Sunk bands	бинты, врезанные в корешок книжного блока
Super ex libris	суперэкслибрис; *см. также* Ex libris
Super-calendered paper	атласная бумага высшего качества
Supercomputer	*вчт.* супер-ЭВМ; *см. также* Computer
Superimposed coding	суперпозиционное кодирование (для записи в одном и том же кодовом поле перфокарты нескольких характеристик)
Superior figure	надстрочная цифра
Superior letter	надстрочная буква
Supplement	приложение; дополнение
Supplied title	условное заглавие
Support	1. подложка; 2. книгодержатель
Suppressed book	изъятое издание
Surface printing	высокая печать
Surname	фамилия

Англо-русский словарь — Systematics

Surplus copy	лишний экземпляр
Surreptitious edition	незаконное издание
Survey	1. обзор, обозрение; 2. исследование; 3. опрос
Swash letter	орнаментированная курсивная буква
Syllabus	учебная программа
Symbol	знак; символ
Symposium	1. *греч.* сборник статей различных авторов на общую тему; 2. симпозиум (научное совещание)
Syndetic catalog	каталог со ссылками
Syndetic index	указатель, который показывает связь между рубриками при помощи ссылок
Synopsis	конспект; синопсис (общее обозрение; свод; сборник материалов по одному вопросу)
Synoptic table	синоптическая таблица (сводная таблица основных делений классификаций)
Sysadmin	*см.* System administrator
System administrator	(*сленг*) Системный администратор
System requirements	*вчт.* требования системы
Systematic catalog	*вчт.* систематический каталог, СК
Systematics	систематика

T

Tab	выступ (на разделительной карточке)
Table	таблица
Table of contents	*см.* Contents
Table of errors	*см.* Errata
Table of illustrations	список иллюстраций
Tablet	дощечка для письма (в древности)
Tablet PC	*вчт.* Планшетный персональный компьютер, планшетный ПК
Tabula	лат., см.. Tablet
Tag	1. метка (совокупность трёх цифровых символов, используемая для идентификации поля); 2. *вчт.* тег, признак (*напр.*, в языке HTML)
Tag cloud	*вчт.* Облако тегов, облако меток, облако ключевых слов (термин используется для визуального изображения частоты использования ключевых слов или предметных рубрик в тексте)
Tagging	Пометка
Tail	*см.* Foot
Tape	1. *см.* Magnetic tape; 2. *см.* Audiotape; 3. *см.* Videotape
Target audience	целевая аудитория
Teaching materials	учебные издания; учебные материалы
Technical services department	отдел комплектования и обработки
TEI	*см.* Text Encoding Initiative

Telecommunications network   Англо-русский словарь

Telecommunications network	*вчт.* сеть связи, сеть передачи данных
Telephone directory	телефонная книга; телефонный справочник
Telephone inquiry	запрос по телефону
Telex	телекс
Telnet	*вчт.* протокол Telnet (телнет), сетевой теледоступ
Temporary cataloging	временная упрощённая каталогизация (создание временной библиографической записи, включающей заголовок, краткое библиографическое описание, шифр книги. Окончательная каталогизация документа завершается позднее)
Term	1. термин; *см. также* Search term; 2. семестр, триместр; 3. *вчт.* условие
Terminal emulation	*вчт.* эмуляция терминала
Text block	брошюрный блок; книжный блок без форзацев
Text Encoding Initiative, TEI	инициатива по кодированию текстов
Textbook	учебник
Textbook collection	фонд учебных пособий
Textile binding	тканевый переплет
Textura	*лат.* текстура основная разновидность готического письма с характерной угловатостью и вытянутостью букв; сохранилась в современных гротесковых шрифтах

Texture	1. текстура (качество, создаваемое сочетанием различных элементов художественного произведения; 2. *вчт.* текстура (один из основных элементов веб-дизайна и оформления рабочего стола);3. фактура (язык автора, литературного произведения, стиха и т.д.).
Thesaurus	*вчт.* информационно-поисковый тезаурус, идеографический словарь
Thesis	дипломная работа; *см. также* Master's thesis
Throughput	производительность
Thumb notch	выемка для пальцев (в справочных изданиях)
Tier	*см.* Section 5
Tilted shelf	*см.* Sloping shelf
Tissued plates	иллюстрации, проложенные листами тонкой бумаги
Title	1. заглавие; название; 2. заголовок; 3. титул, звание
Title card	карточка с описанием под заглавием
Title catalog	каталог заглавий
Title entry	запись под заглавием
Title index	указатель заглавий
Title page	титульный лист; титул
Tome	большая книга
Top edges	верхние обрезы страниц
Top margin	*см.* Head margin
Topic finder guide	указатель мелких делений на полках
Topic index	тематический указатель
Touch-sensitive screen	*вчт.* сенсорный экран

Town library	городская библиотека
Tracing	запись заголовков добавочных библиографических записей на обороте карточки с основной записью
Trade binding	*см.* Edition binding
Trade paperback	научное или научно-популярное издание в мягкой обложке; *см. также* Paperback
Traditional library services	традиционные библиотечные услуги
Training	обучение; подготовка
Transcription	транскрипция
Translation	письменный перевод
Transliteration	транслитерация
Transmission rate	*см.* Data transfer rate
Transponder	ретранслятор; транспондер. *см. также* RFID tag
Travel literature	литература о путешествиях
Traveling exhibition	передвижная выставка
Tray	каталожный ящик
Tray label	надпись на каталожном ящике
Troubleshooting	поиск неисправности, диагностика
Truncation	усечение (слова)
Truncation symbol	оператор усечения
Turnkey system	система, готовая к непосредственному использованию; система «под ключ»
Type of publication specific details area	область специфических сведений (Англо-американские правила каталогизации)
Typeface	очко литеры

Англо-русский словарь

Typewriter пишущая машинка

Англо-русский словарь UNIversal MAchine-Readable Cataloging, UNIMARC

U

UDC	*см.* Universal Decimal Classification
Ultrafiche	ультрамикрофиша; *см. также* Microfiche
Unabridged	несокращенный
Unauthorized edition	издание, выпущенное без разрешения автора или издателя оригинала
Unbound	непереплетённый
Undefined subfield	неопределённое подполе
Undergraduate library	библиотека для студентов, обучающихся на степень бакалавра
Unfinished edition	незаконченное издание
Uniform Resource Locator, URL	унифицированный указатель ресурса (строка символов, указывающая местонахождение документа или его части в Internet)
Uniform title	1. унифицированное заглавие; 2. типовое заглавие; типовое общее заглавие
UNIMARC	*см.* UNIversal MAchine-Readable Cataloging
Union catalog	1. центральный каталог; 2. сводный каталог
Union list	сводный указатель; сводный список
Unique edition	уникальное издание
Universal bibliograhpy	общая универсальная библиография
Universal Decimal Classification, UDC	Универсальная десятичная классификация, УДК
UNIversal MAchine-Readable Cataloging, UNIMARC	универсальная машиночитаемая каталогизация, ЮНИМАРК

University library	университетская библиотека
University library	университетская библиотека
University press	издательство университета
UNIX	*вчт.* UNIX (операционная система, Юникс)
Unpaged	без пагинации
Unpublished	неизданный
Up-to-date	актуальный; с новейшими данными; современный
Update	обновлять
Updated edition	обновленное издание
Upgrade	*вчт.* модернизация
Upper cover	верхняя переплётная крышка, передняя переплётная крышка
Uppercase	большие (прописные) буквы
Urban library	городская библиотека
Urgent demand	срочное требование
URL	*см.* Uniform Resource Locator
Usability	удобство работы, простота использования
Used copy	подержанный экземпляр
Used for	(термин) используется вместо; *см. также* Broader term, Narrower term, Related term
User	1. *вчт.* пользователь; 2. *см.* Reader
User area	помещение в библиотеке, отведённое для пользователей (*напр.*, читальный зал, открытый фонд)
User charge	плата за пользование библиотекой
User education	обучение читателя пользованию библиотекой
User fee	*см.* User charge
User friendly	*вчт.* удобный для пользователя (о компьютерных программах, интерфейсе)

Англо-русский словарь

User interface	*вчт.* пользовательский интерфейс
User manual	*вчт.* руководство по эксплуатации
User needs	*вчт.* потребности пользователя
User terminal	*вчт.* терминал пользователя
User workstation	*вчт.* рабочее место пользователя

User workstation   **Англо-русский словарь**

V

Variable field	переменное поле
Variant	вариант; разночтение
Variant edition	академическое издание
Various paging	раздельная (смешанная) пагинация
Vault	Хранилище ценностей. *см. также* Strong room
Vblog	*вчт.* Видео блог (Веб сайт для обмена видео-файлами, например YouTube.com). *См. также* Blog and Photoblog
VDU	*см.* Video display unit
Vendor	поставщик (услуг, товаров); *см. также* Provider
Verbatim report	стенографический отчет
Version	версия
Verso	*лат.* оборотная сторона листа; четная, «левая» страница; *см. также* Recto
Video display unit, VDU	*вчт.* дисплей, монитор
Videocassette	видеокассета
Videoconference	*вчт.* видеоконференция
Videodisc	*вчт.* CD-ROM; оптический диск; видеодиск
Videotape	видеолента
Vignette	виньетка
Viral	*вчт.* вирусный
Virtual library	*вчт.* виртуальная библиотека; *см. также* Digital library; Electronic library

Virtual Reference Desk	*вчт.* Электронная справочная коллекция, виртуальная справочная коллекция; электронный справочный стол
Virtual Reference Service	*вчт.* Виртуальная справочно-информационное обслуживание; виртуальная справочно-информационная служба.
Virus	*вчт.* вирус
Visually impaired	слабовидящий
Vocabulary	1. толковый словарь; 2. словарный запас; 3. лексика
Vocabulary of terms	терминологический словарь
Voice mail	автоответчик
Voice recognition	*вчт.* распознавание голоса
Voice-over Internet Protocol	*вчт.* Голос по Интернет-протоколу. передача голоса по интернет-протоколу. *См. также* IP telephony
VoIP	*см.* Voice-over Internet Protocol
Volume	1. том; 2. объём
Volume designation	обозначение тома
Volume number	номер тома
Volume numbering	нумерация томов
Volunteer	волонтёр, работающий в библиотеке
VRD	*см.* Virtual Reference Desk
VRS	*см.* Virtual Reference Service

W

Waiting list	*см.* Desiderata
WAN	*см.* Wide area network
Want list	*см.* Desiderata
Warez	*вчт.* Варез. Контрафактный софт. Коммерческая программа, распространяемая бесплатно незаконным путем с нарушением прав автора. Обязательно содержит изменения и/или дополнения, позволяющие использовать ее бесплатно
Washable binding	моющийся переплёт
Watermark	водяной знак
Web	*см.* World Wide Web
Web 2.0	*вчт.* Веб 2.0 Веб сайты с применением интерактивных информационных технологий и удобного интерфейса для извлечения информации и общения
Web 3.0	*вчт.* Веб-3.0 Третье поколение Интернет технологий, основанных на интеллектуальном распознавании рассеянной в сети инфорации
Web application	*вчт.* Сетевое приложение. Компьютерная программа, написанная на совместимом с веб-браузером языке и запускаемая для обработки нужных файлов (например – медиа-файлов)
Web application hybrid	*вчт.* Гибридное сетевое приложение. Сетевая программа, объединяющая данные из нескольких источников в единый поисково-информационый инструмент
Web browser	*вчт.* браузер, программа просмотра Сети

Web interface	*вчт.* интерфейс Интернета
Web page	*вчт.* Web-страница
Web site	*вчт.* Web-сайт, Web-узел
Webcast	*вчт.* Вебкаст - интернет-вещание с использованием потокового мультимедиа
Webinar	*вчт.* веб-семинар, вебинар
Weblog	*см.* Blog
Weeding	исключение документов из фонда
Weekly	еженедельный
Whatman paper	ватман
White hat	*вчт.* Белые шляпы. Компьютерный сленг, обозначающий хакеров (программистов), создающих программы для защиты и сохранности компьютерных информационных систем. *см. также* Black hat, Cracker, Gray hat, and Hacker
Who's Who	биографический словарь (современников)
Whole binding	*см.* Full binding
Wholesaler	оптовый торговец
Wide area network, WAN	*вчт.* глобальная вычислительная сеть; *см. также* Local area network
Widget	*вчт.* виджет — графический модуль или интернет-приложение, помещаемое на персональную страницу пользователя в социальных сетях, личный веб-сайт или блог, или рабочий стол ПК, для украшения рабочего пространства, развлечения, а также для быстрого получения информации без помощи браузера
Wiki	*вчт.* Вики (веб-сайт, структуру и содержимое которого пользователи могут изменять сообща с помощью инструментов, предоставляемых самим сайтом)

Англо-русский словарь — Works

Wikipedia	*вчт.* Википедия
Wildcard	оператор, используемый для замещения символа в поисковой фразе
Window displays	выставки книг в окнах
Windows	*вчт.* операционная система Windows
Wired	1. *вчт.* «Прошитый» (электронное устройство с жестко записанной программой с ограниченными возможностями перепрограммирования. 2. *вчт.* Информация, переданная или полученная посредством Интернета. 3. Полноцветный ежемесячный Американский журнал. 4. *вчт.* Относящийся к беспроводной связи (например, Интернет)
Withdraw	изымать (из фонда)
Withdrawal	1. изъятие (из фонда, каталога); 2. документ, изъятый из фонда
Without charge	бесплатно
Wood engraving	*см.* Woodcut, Xylography
Woodcut	гравюра на дереве; ксилография
Word indexing	*см.* Derived indexing
Word-by-word alphabetizing	расположение "слово за словом" (рубрики располагаются по буквам первых слов, затем по буквам вторых и т.д.); *см. также* Letter-by-letter alphabetizing
Wordprocessing software	*вчт.* текстовый процессор; текстовый редактор
Work of art	произведение искусства
Workflow	*вчт.* последовательность операций
Working memory	*вчт.* оперативная память; рабочая память
Working place	рабочее место
Works	собрание сочинений

Workstation	*вчт.* компьютеризированное рабочее место
World Wide Web resources	*вчт.* ресурсы Сети
World Wide Web, WWW	*вчт.* Всемирная паутина, Сеть; *см. также* Internet
WorldCat	название сводного каталога OCLC, «всемирный каталог»
Wrapper	суперобложка
Writer	автор; писатель
Written catalog	рукописный каталог
WWW	*см.* World Wide Web

X

Xerography	ксерография
Xerox copy	ксерокопия
XML	*см.* Extensible Markup Language
Xmodem	*вчт.* протокол Xmodem (асинхронный протокол пересылки файлов между компьютерами по телефонным линиям)
XSL	*см.* Extensible Stylesheet Language
Xylography	ксилография

Y

Yahoo	*вчт.* поисковая система Yahoo
Year of publication	год издания
Yearbook	ежегодник; альманах
Yearly subscription	годовая подписка
Yellow pages	«жёлтые страницы»
Yellow press	«жёлтая пресса»
Young adult book	книга для юношества
Young adult department	отдел обслуживания юношества
Young adult library	юношеская библиотека

Young adult library **Англо-русский словарь**

Z

Z39.50	*вчт.* протокол Z39.50
Zinc etching	штриховая цинкография
Zinco	*см.* Zincography
Zincography	цинкография; штриховое клише
Zipf law	закон Ципфа
Zoom	увеличивать

Список литературы

ГОСТ 7.26-80. Библиотечное дело : Основные термины и определения : Введ. 01.01.82. - Москва, 1981. – 13 с.

ГОСТ 7.27-80. Научно-информационная деятельность : Основные термины и определения : Введ. 01.01.82. - Москва, 1981. – 12 с.

ГОСТ 7.0-84. Библиографическая деятельность : Основные термины и определения : Введ. 01.01.86. - Москва, 1985. – 24 с.

ГОСТ 7.48-90. Консервация документов : Основные термины и определения : Введ. 01.01.91. - Москва, 1990. – 9 с.

ГОСТ 7.60-90. Издания : Основные термины и определения : Введ. 01.01.91. -Москва, 1990. – 21 с.

Алешин, Л.И. Автоматизация в библиотеке: Учеб. пособ. - Москва: ИПО Профиздат / Изд-во МГУКИ, 2001. – 172 с.

Англо-русский библиотечно-библиографический словарь / Сост. М.Х. Сарингулян; Под ред. П.Х. Кананова и В.В. Попова. - Москва: Изд.-во ВКП, 1958. – 284 с.

Англо-русский полиграфический словарь / Под общ. ред. А.А. Тюрина. - Москва: Физматгиз, 1962. – 450 с.

Басин, О.Я. Полиграфический словарь. - Москва: Изд-во Книга, 1964. - 388 с.

Библиотеки и библиотечное дело США : Комплексный подход / Под ред. В.В. Попова. - 2-е изд., испр. - Москва: Издательская фирма "Логос", 1993. – 296 с.

Библиотечное дело : Терминолог. слов. / Рос. гос. б-ка - 3-е изд., перераб. и доп. - Москва: Книга, 1997. – 168 с.

Борковский, А. Б. Англо-русский словарь по программированию и информатике : [С толкованиями] : Ок. 6000 терминов. - 2-е изд., стер. - Москва, 1990. – 332 с.

Воропаева, Н.Ф. Пособие по английскому языку : Для студентов ст. курсов библиотечных специальностей вузов. - Москва: Высш. шк., 1981. – 192 с.

Грамота.Ру: справочно-информационный портал

Горбачевич, К. С. Словарь трудностей произношения и ударения в современном русском языке. - Санкт-Петербург: Норинт, 2000.

Ефремова, Т. Ф. Новый словарь русского языка. Толково-словообразовательный. - Москва: Русский язык, 2000.

Зарва, М. В. Русское словесное ударение: словарь нарицательных имён. - Москва: ЭНАС, 2001.

Полный электронный орфографический словарь русского языка / под ред. В. Лопатина. – б.м.: б.и., б.г.

Елизаренкова, Т.П. Англо-русский словарь книговедческих терминов. - Москва: Сов. Россия, 1962. – 510 с.

Книговедение : Энциклопедический словарь / Ред. кол.: Н.М. Сикорский, гл. ред., О.Д. Голубева, А.Д. Гончаров, И.М. Дьяконов и др. – Москва: Изд-во Сов. энциклопедия, 1981. – 664 с.

Краткий англо-русский технический словарь / Ю.А. Кузьмин, В.А. Владимиров, Я.Л. Гельман и др. - Москва: ММПШ, 1992. – 416 с.

Курьянов, Е. И. Англо-русский словарь по средствам массовой информации : [С толкованиями]. - Москва: Международная школа переводчиков, 1993. – 320 с.

Международный центр научной и технической информации. Терминологический словарь по информатике. - Москва: МЦНТИ, 1975. - 752 с.

Мильчин, А.Э., Л.К. Чельцова. Справочник издателя и автора: редакционно-издательское оформление издания. - Москва: Олимп: ООО фирма изд-во АСТ, 1999. – 688 с.

Ожегов, С.И., Шведова, Н.Ю. Толковый словарь русского языка. - 3 изд., стер. - Москва: Азъ, 1996. - 907 с.

Правила составления библиографического описания : 4.1. Книги и сериальные издания / Междувед. каталогизац. комис. при гос. б-ке СССР им. В. И. Ленина; Сост. О.И. Бабкина, Т.А. Бахтурина, В.А. Василевская и др. - Москва: Книга, 1986. - 528 с.

Пройдаков, Эдуард, Леонид Теплицкий. Англо-русский компьютерный словарь.

Русско-английский словарь книговедческих терминов : 9300 терминов / Сост. Т.П. Елизаренкова. - Москва: Сов. энцикл., 1969. – 264 с.

Словари библиотечно-библиографических терминов : Англо-русский, немецко-русский, французско-русский / Сост. Л. Б. Хавкина. - Москва: Изд-во Всесоюзной книжной палаты, 1952. – 231 с.

Словарь издательских терминов / Сост. В. С. Сонкина, А.К. Бадичин, Н.И. Волнова, В.П. Смирнова; Под. ред. А.Э. Мильчина. - Москва: Книга, 1983. – 207 с.

Словарь терминов по информатике на русском и английском языке / Г.С. Жданова, Е.С. Колоброзова, В.А. Полушкин, А.И. Черный. - Москва: Наука, 1971. – 360 с.

Современная каталогизационная терминология : Толковый словарь с метод. рекомендациями / Рос. гос. б-ка; Сост. Т.А. Бахтурина, Э.Р. Сукиасян. - Москва, 1992. – 197 с.

Справочник библиографа / Науч. ред. А. Н. Ванеев, В. А. Минкина. – СПб.: Изд-во Профессия, 2002. – 528 с.

Справочник библиотекаря / Гос. б-ка СССР им. В. И. Ленина; Сост. С.Г. Антонова, Г.А. Семенова; Отв. ред. Н.С. Карташов. - Москва: Книга, 1985. - 303 с.

Справочник библиотекаря / Науч. ред. А. Н. Ванеев, В. А. Минкина. – 2-е изд. – СПб.: Изд-во Профессия, 2001. – 439 с.

Стандарты по библиотечному делу / Сост. Т. В. Захарчук, Л. И. Петрова, Т. А. Завадовская, О. М. Зусьман. - Москва/СПб: Изд-во Профессия, 2000. - 512 с.

Сукиасян, Э.Р. Библиотечные каталоги: методические материалы. Москва: ИПО Профиздат, 2001. - 192 с.

Терешин, В.И. Библиотечный фонд. - Москва: Изд-во МГУКИ/ ИПО "Профиздат", 2001. - 176 с.

Терминологический словарь по библиотечному делу и смежным отраслям знания / РАН, Б-ка по естественным наукам; Сост. З.Г. Высоцкая (отв. ред.), В.А. Врубель, А.Б. Маслов, Л.К. Розеншильд. - Москва: б.и., 1995. - 268 с.

Терминологическое пособие по теории и методике применения УДК : Словарь терминов с определениями на англ., нем., франц., исп. языках. - Москва: ВИНИТИ, 1986. – 511 с.

Шамурин, Е. И. Словарь книговедческих терминов : Для библиотекарей, библиографов, работников печати и кн. торговли. - Москва: Сов. Россия, 1958. - 340 с.

Энциклопедия книжного дела / Ю.Ф. Майсурадзе, А.Э. Мильчин, Э.П. Гаврилов и др. - Москва: Юристъ, 1998. - 536 с.

English Language Sources Consulted

Aissing, Alena L. "Cyrillic Transliteration and Its Users," College and Research Libraries 56 (May 1995): 208-219.

Borko, Harold. An Informal Vocabulary Guide for GSLIS 404: Compiled from Many Sources. Los Angeles, CA: UCLA Graduate School of Library and Information Science, circa 1974.

Carter, John. ABC for Book Collectors. New Castle, DE: Oak Knoll Press, 1995.

Chan, Lois M. Cataloging and Classification: An Introduction. 2nd ed. New York: McGraw-Hill, 1994.

Clason, W.E., comp. Elsevier's Dictionary of Library Science, Information and Documentation: In Six Languages: English/American, French, Spanish, Italian, Dutch, and German. Amsterdam: Elsevier Scientific Publishing Company, 1973.

Collison, Robert L. Dictionaries of English and Foreign Languages: A Bibliographical Guide to Both General and Technical Dictionaries with Historical and Explanatory Notes and References. 2nd ed. New York: Hafner Publishing Company, 1971, especially chapter 5.

Dalby, Andrew. Dictionary of Languages: The Definitive Reference to More than 400 Languages. New York: Columbia University Press, 1998.

Dmitrieff, A., comp. Russian-English Glossary of Library Terms. New York: Telberg Book Corporation, 1966.

Falla, P.S., ed. The Oxford English-Russian Dictionary. Oxford: Clarendon Press, 1990.

Feather, John. A Dictionary of Book History. Oxford: Oxford University Press, 1986.

Feather, John and Sturges, Paul, eds. International Encyclopedia of Information and Library Science. London: Routledge, 1997.

Glaister, Geoffrey Ashall. Encyclopedia of the Book. 2nd ed. New Castle, DE: Oak Knoll Press; London: British Library, 1996.

Hoepelman, J. P.; R. Mayer; and J. Wagner. Elsevier's Dictionary of Information Technology in English, German, and French. New York: Elsevier, 1997.

Keenan, Stella and Johnston, Colin. Concise Dictionary of Library and Information Science. 2nd edition. London: Bowker Saur, 2000.

Kenneison, W.C. and Spilman, A.J.B. Dictionary of Printing, Papermaking, and Bookbinding. London: George Newnes Limited, 1963.

Knechtges, Susanne; Segbert, Monika; Hutchins, John; and Ekhevitch, Nadja. Bibliothekarishches Handwörterbuch; Librarian's Dictionary; Nastolny Slovar Bibliotekaria. Bad Honnef: Bock + Herchen, 1995.

Krassovsky, Dimitry M. A Glossary of Russian Terminology Used in Bibliographies and Library Science. Occasional Papers Number 2. Los Angeles: University of California Library, 1955.

Lingvo: Version 4.5. [CD-ROM]. Moscow: BIT Software Inc., 2000.

Linina, S. and Maulina, A. Bibliotekarie un Bibliografiskie Termini: Kumulativais Saraksts, 1976-1990. Riga: Latvijas Nacionala Biblioteka, 1992.

Merriam-Webster Online: The Language Center [Collegiate Dictionary and Collegiate Thesaurus]. Springfield, MA: Merriam-Webster, 2001.

Milstead, Jessica. ASIS Thesaurus of Information Science, 2nd ed. Silver Spring, MD: ASIS, 1999.

Mora, Imre, ed. Publisher's Practical Dictionary in 20 Languages = Wörterbuch des Verlagswesens in 20 Sprachen. 3d ed. Munchen: K.G. Saur, 1984.

Nogueira, Carmen Crespo, editor. Glossary of Basic Archival and Library Conservation Terms: English with Equivalents in Spanish, German, Italian, French, and Russian. ICA Handbook Series, No. 4. Munchen: K.G. Saur, 1988.

Peters, Jean, ed. Bookman's Glossary. 6th ed. New York: Bowker, 1983.

Pipics, Zoltan, ed. Dictionarium Bibliothecarii Practicum ad Usum Internationalem in XXII Linguis = The Librarian's Practical Dictionary in 22 Languages = Wörterbuch des Bibliotekars in 22 Sprachen. 6th ed. Pullach: Verlag Dokumentation, 1974.

Prytherch, Raymond J., comp. Harrod's Librarians' Glossary: 9000 Terms Used in Information Management, Library Science, Publishing, the Book Trades, and Archive Management. 8th ed. Brookfield, VT: Ashgate Publishing Company, 1995 and Harrod's Librarians' Glossary and Reference Book: A Directory of Over 9600 Terms. 9th ed. Aldershot, Hants, England: Gower Publishing Company Ltd., 2000.

Reitz, Joan M. ODLIS: Online Dictionary of Library and Information Science. Danbury, CT: Western Connecticut State University, 2000.

Soper, Mary Ellen; Osborne, Larry N.; and Zweizig, Douglas L., ed. The Librarian's Thesaurus: A Concise Guide to Library and Information Science Terms. Chicago: American Library Association, 1990.

Taylor, Arlene G. "Glossary," In The Organization of Information (Englewood, CO: Libraries Unlimited, 1999), pages 233-254

Thompson, Anthony, comp. Vocabularium Bibliothecarii. English, French, German, Spanish, Russian. Collaborator for Russian E.I. Shamurin; Collaborator for Spanish Domingo Buonocore. 2nd ed. Paris: UNESCO, 1962.

Thompson, Elizabeth H. A.L.A. Glossary of Library Terms with a Selection of Terms in Related Fields. Chicago: American Library Association, 1943.

Wersig, Gernot and Neveling, Ulrich. Terminology of Documentation: Terminologie de la documentation = Terminologie der Dokumentation = Terminologiia v oblasti dokumentatsii: published in English, French, German, Russian; A Selection of 1,200 Basic Terms Published in English, French, German, Russian, and Spanish. Paris: UNESCO Press, 1973.

Walker, G. P. M. Russian for Librarians: Russian Books in Libraries. 2nd ed. London: Bingley, 1983.

Watters, Carolyn. Dictionary of Information Science and Technology. San Diego: Academic Press, 1992.

Wheeler, Marcus and Unbegaun, B. O. The Oxford Russian-English Dictionary. Oxford: Clarendon Press, 1993.

World Encyclopedia of Library and Information Services, 3rd ed. Chicago: American Library Association, 1993.

Young, Heartsill and Belanger, Terry, comp. The ALA Glossary of Library and Information Science. Chicago: American Library Association, 1983.

Other Sources

Denchev, Stoyan. English-Russian-Bulgarian Dictionary of Library and Information Terminology. Sofia, Bulgaria: Za bukvite, 2010. –This dictionary uses the core words from our first edition.

Müller, Wolfgang. Polygrafie: Fachwörterbuch: Englisch, Deutsch, Französisch, Russisch, Spanisch, Polnisch, Ungarisch, Slowakisch. Frankfurt: Deutscher Fachverlag Frankfurt, 1980.

Rambousek, Antonin and Antonin Pešek. Polygrafický Slovník. Praha/Bratislava: SNTL—Nakladatelství technické literatury Praha / Slovenské vydavateľstvo technickej literatúry Bratislava, 1967.